Escrevendo com a alma

Natalie Goldberg

ESCREVENDO COM A ALMA

Liberte o escritor que há em você

Tradução
Camila Lopes Campolino
Revisão da tradução
Silvana Vieira

wmf martinsfontes

SÃO PAULO 2019

Esta obra foi publicada originalmente em inglês com o título
WRITING DOWN THE BONES
por Shambhala Publications Boston, EUA.

1ª edição *2008*
2ª tiragem *2019*

Tradução
CAMILA LOPES CAMPOLINO

Revisão da tradução
Silvana Vieira
Acompanhamento editorial
Luzia Aparecida dos Santos
Revisões gráficas
Marisa Rosa Teixeira
Renato da Rocha Carlos
Produção gráfica
Geraldo Alves
Paginação
Moacir Katsumi Matsusaki

Dados Internacionais de Catalogação na Publicação (CIP)
(Câmara Brasileira do Livro, SP, Brasil)

Goldberg, Natalie
Escrevendo com a alma : liberte o escritor que há em você / Natalie Goldberg ; tradução Camila Lopes Campolino ; revisão da tradução Silvana Vieira. – São Paulo : Editora WMF Martins Fontes, 2008.

Título original: Writing down the bones.
Bibliografia
ISBN 978-85-7827-030-8

1. Arte de escrever 2. Estilo literário 3. Ficção – Arte de escrever 4. Ficção – Autoria I. Título.

08-02887 CDD-808.3

Índices para catálogo sistemático:
1. Ficção : Arte de escrever : Literatura 808.3

Editora WMF Martins Fontes Ltda.
Rua Prof. Laerte Ramos de Carvalho, 133 01325-030 São Paulo SP Brasil
Tel. (11) 3293.8150 e-mail: info@wmfmartinsfontes.com.br
http://www.wmfmartinsfontes.com.br

Para todos os meus alunos
antigos, atuais e futuros

Que possamos nos encontrar em algum café no céu
e escrever por toda a eternidade.

Índice

Escrevendo com a alma

Prefácio

Um ano atrás, numa noite de dezembro em Santa Fé, Novo México, fui à festa de aniversário de um jovem cineasta que eu conhecia de vista. Durante cerca de meia hora, fiquei em pé ao lado do bufê conversando com um rapaz de trinta e poucos anos, que eu acabara de encontrar. Ele era, evidentemente, um poeta convicto. Contei-lhe que eu também fora poeta antes de escrever meu primeiro livro. Rimos um do outro. Eu estava me divertindo muito.

De repente, com uma expressão zombeteira no rosto, ele perguntou: "Então, que livros você escreveu?"

"Bem, escrevi vários", respondi. "Mas o mais conhecido é *Writing Down the Bones* [*Escrevendo com a alma*]."

"Não me diga!", exclamou ele, com os olhos arregalados. "Achei que você tivesse morrido."

Sem piscar, retruquei: "Não, ainda não. Continuo aí na luta, gastando tinta e papel."

E rimos os dois.

Ele não precisou dizer mais nada. Entendi tudo: ele havia lido meu livro no colégio. Todos os livros que lemos nessa época só podem ser de autores, ou autoras, já falecidos. É impossível que algum escritor estudado no ensino médio ainda esteja vivo.

Escrevendo com a alma saiu em 1986. Sempre digo a meus leitores que, se tivesse sido publicado nos anos cinqüenta, o livro teria sido um fracasso. Mas ele chegou na hora certa, num momento em que multidões de americanos sentiam necessidade de se expressar. Escrever é democrático; transcende fronteiras geográficas, de classe, raça, sexo. Recebi cartas de todo tipo de fãs: vice-presidente de companhia de seguro da Flórida; operário de Nebraska; metalúrgico do Missouri; presidiário do Texas; advogado, médico, ativista pelos direitos dos homossexuais, dona-de-casa, bibliotecário, professor, religioso, político. Deflagrou-se uma verdadeira revolução na literatura pouco depois do lançamento do livro. Surgiram seções reservadas para os livros de redação nas livrarias. Um aluno meu disse o seguinte: "Entendi! Escrever é a nova religião."

"Mas por que todo o mundo quer escrever?", as pessoas me perguntavam.

Não acho que todos tenham a pretensão de escrever o maior romance do século, mas todos sonhamos poder contar as nossas histórias – descobrir nossa maneira de pensar, sentir e ver as coisas antes que a morte nos leve. A escrita é um caminho para nos encontrarmos e nos aproximarmos de nós mesmos. Pense comigo: as formigas não sabem escrever, nem as árvores, nem os cavalos puros-sangues, nem os alces selvagens, nem os gatos de estimação, nem a grama, nem as pedras. Escrever é uma atividade exclusivamente humana. Pode até estar gravada em nosso DNA. Ela deveria ser incluída na Declaração de Independência, juntamente com outros direitos inalienáveis: "direito à vida, à liberdade, à busca da felicidade – e a escrever".

E é uma atividade barata. Tudo o que você precisa é papel, caneta (ou computador, se faz tanta questão) e a mente humana. Que lacunas da percepção inexplorada você deseja pesquisar? Em que outono a lua entrou na sua vida? Quando foi que você colheu frutas silvestres em seu momento mais quintessencial? Quanto tempo demorou para você ganhar a sua primeira bicicleta de verdade? Quem são os seus anjos? Em que você está pensando? Em que você não está pensando?

O que você está olhando? O que você não está olhando? Escrever traz mais confiança, ensina a despertar.

Writing Down the Bones está alicerçado em dois mil anos de estudos sobre a mente humana. Não foi somente uma idéia criativa da Natalie. Eu quis fundamentar esta obra, apoiá-la sobre uma base sólida. Na época em que a escrevi, estudava meditação havia dez anos, seis dos quais sob a orientação estrita de um mestre do Zen japonês. De onde vêm os pensamentos? As lembranças, as idéias, até mesmo os artigos definidos? A prática da meditação e a prática da criação literária são análogas. Quanto mais compreendemos a mente humana, nossa principal ferramenta de trabalho, melhor escrevemos e com mais segurança.

Quando lancei este livro, as pessoas me chamavam de gênio. Agradecia o elogio, mas no fundo sabia que não tinha nada de genial. Talvez o único momento realmente brilhante tenha sido a decisão de deixar o Zen conduzir o processo de escrever. Tinha uma vontade real e sincera de compreender essa vida de escritora. Queria muito escrever, mas não sabia como. A escola pública não me ensinara. Quando cheguei à universidade, já tinha praticamente desistido da idéia. Mas tinha um desejo profundamente arraigado dentro de mim, um anseio que eu própria ignorava possuir. Estava apaixonada pelos livros.

Certas histórias, somente eu as conhecia: casos da minha família, o meu primeiro beijo, o meu último corte de cabelo, o cheiro de sálvia espalhando-se pelos planaltos escarpados, os meus laços de amizade com as planícies de Nebraska. Precisaria ficar lerda e muda (sem fazer qualquer suposição) para então observar e ver como tudo se conecta, como você entra em contato com seus pensamentos e os expressa no papel.

Quisera eu ter a chance de escrever novamente aquela redação escolar, "Minhas Férias". Quando a escrevi, na quinta série, era muito medrosa e limitei-me a dizer: "Foi interessante. Foi bom. Meu verão foi divertido." Passei com um B. Mas eu ainda me perguntava: "Qual é o jeito certo de fazer?" Hoje isso está óbvio. Você diz a verdade e descreve a verdade em detalhes: minha mãe tingiu o cabelo de ruivo e pintou as unhas do pé de esmalte prata. Eu só queria saber de jogar ludo, tomar banho de mangueira, prender besouros no vidro de maionese e alimentá-los com grama. Meu pai estava sempre sentado à mesa da cozinha, olhando para a frente, sem dizer palavra, com a Budweiser na mão.

Que oportunidade para contar da paixonite que tive pelo loirinho que morava perto de casa, da minha perplexidade e tristeza diante das notícias de discriminação racial que vi na TV, do meu medo de que minha irmã fosse mais bonita do que eu, da salada de repolho que preparava com minha avó. Mas não sabia como narrar tudo isso.

Neste livro, ensino a todos como fazer – aos velhos e jovens alunos.

Espero sinceramente que este livro seja adotado em todas as escolas públicas e privadas, que os alunos aprendam a praticar a escrita, que descubram a si mesmos, que sintam prazer em expressar-se, que confiem em suas próprias idéias. Ao entrar em contato com a sua mente, você passa a ser você mesmo e se liberta.

Faz muito tempo, li a lista de elementos essenciais da prosa elaborada por Jack Kerouac. Quatro itens, em especial, serviram-me de inspiração para seguir minha jornada:

> Aceite a perda irremediável
> Seja submisso a tudo, receptivo, atento

Não há o que temer ou do que se envergonhar
na dignidade de sua experiência, sua língua, seu conhecimento,
Seja apaixonado pela vida

Acredite, você também pode encontrar seu lugar nesse imenso terreno que é a escrita. Ninguém é tão desajustado que não possa se adaptar ali.

Agora vá, por favor. Acabe-se de tanto escrever.

– dezembro de 2004.

Agradecimentos

Quero agradecer a Wendy Feldman a digitação do manuscrito; a Rob Strell por seu apoio constante e por abrir espaço para a redação no Instituto; a Cecile Moochnek, que está comigo desde meu primeiro grupo de criação literária; a Miriam Sagan pela leitura da obra; a Beverly Baranowski por ter pegado um avião para passar um único dia comigo, quando terminei o manuscrito; a Katagiri Roshi por sua prática contínua e por tudo o que me ensinou; e a Emily Hilburn Sell, minha preparadora de originais.

ESCREVENDO COM A ALMA

Introdução

Fui aluna certinha durante todo o meu tempo de escola. Queria que meus professores gostassem de mim. Aprendi a usar vírgula, dois-pontos, ponto-e-vírgula. Fazia redações com frases claras, mas completamente insossas e desenxabidas. Nelas não havia nenhum pensamento original ou sentimento genuíno. Esforçava-me para dar aos professores aquilo que, na minha opinião, eles esperavam de mim.

Na faculdade caí de amores pela literatura. Enlouqueci mesmo. Datilografava os poemas de Gerard Manley Hopkins várias vezes seguidas, na tentativa de decorá-los. Lia John Milton, Shelley e Keats em voz alta, até desmaiar de cansaço na caminha estreita do alojamento em que morava. Como universitária nos anos sessenta, lia exclusivamente escritores homens, quase sempre falecidos, ingleses e europeus em geral. Estavam muito distantes da minha vida cotidiana e, apesar de amá-los, nenhum deles era capaz de refletir minha experiência de vida. Inconscientemente, passei a acreditar que o ofício de escrever não estava ao meu alcance. Nunca pensei em tornar-me escritora, embora sonhasse em casar-me com um poeta.

Depois de me formar e constatar que ninguém me contrataria para ler romances e delirar com poesia, abri, numa espécie de cooperativa com mais três amigos, um restaurante de comida natural no porão do Newman Center, em Ann Arbor, Michigan. Era o início dos anos setenta. Só fui provar abacate pela primeira vez um ano antes da inauguração do restaurante. Batizamos o lugar de Naked Lunch, em homenagem ao romance de William Burroughs – "um instante suspenso no qual todos vêem o que há na ponta de todos os garfos". De manhã eu assava *muffins* com passas e *muffins* com frutas silvestres ou, se tivesse vontade, até com pasta de amendoim. Naturalmente, eu queria agradar os fregueses, mas sabia que, se os fizesse com cuidado, os *muffins* eram quase sempre saborosos. Havíamos criado o restaurante, e agora não havia mais nenhuma grande resposta exterior capaz de nos garantir nota dez na escola. Foi bem ali que comecei a aprender a confiar na minha própria cabeça.

Certa terça-feira, estava eu preparando *ratatouille* para o almoço. Para fazer essa receita num restaurante, você não corta apenas uma cebola e uma berinjela. O balcão estava repleto de cebolas, berinjelas, abobrinhas, tomates e cabeças de alho. Passei horas picando e fatiando os legumes. Naquela noite, ao voltar para casa, passei na livraria Centicore, na State Street, e fiquei circulando entre as estantes. Encontrei um livro de poesia, fininho, intitulado *Fruits and Vegetables* [Frutas e verduras], de Erica Jong. (A autora era desconhecida na época e ainda não havia lançado seu romance *Medo de voar*.) O primeiro poema que abri era sobre como cozinhar berinjela! Fiquei estupefata: "Então quer dizer que é possível escrever sobre um assunto desses?" Algo tão trivial? Algo que eu fazia no dia-a-dia? Aconteceu uma sinapse no meu cérebro. Fui para casa decidida a escrever sobre coisas que eu conhecia, a confiar nas minhas idéias e nos meus sentimentos e a não olhar para fora de mim. Não estava mais na escola: podia dizer o que eu quisesse. Comecei a escrever sobre minha família, porque ninguém jamais diria que eu estava enganada. Eu a conhecia mais do que ninguém.

Faz quinze anos que tudo isso aconteceu. Um amigo me disse certa vez: "Confie no amor, e o amor a levará aonde for preciso." Permito-me complementar: "Confie *naquilo* que você ama, continue amando, e o amor levará você aonde for preciso." E não se preocupe muito com a segurança. Você alcançará uma segurança profunda quando começar a fazer o que gosta. Pois quem de nós, mesmo com nossos altos salários, está realmente seguro?

Nos últimos onze anos, realizei oficinas de redação na Universidade do Novo México; na Fundação Lama; para os *hippies* em Taos, no Novo México; para freiras em Albuquerque; para menores infratores em Boulder; na Universidade de Minnesota; no Northeast College, uma escola técnica de Norfolk, Nebraska; como integrante do programa Poet-in-the-Schools de Minnesota; para grupos de redação na minha casa no domingo à noite; para grupos de homossexuais. Ensino os mesmos métodos em todos os casos. São informações tão essenciais sobre como acreditar no seu intelecto e ganhar confiança na sua experiência que nunca me canso de ensiná-las. Pelo contrário: minha percepção se aprofunda cada vez mais.

Em 1974, comecei a praticar meditação sentada. De 1978 a 1984, estudei o zen-budismo de maneira formal com Dainin Katagiri Roshi (*Roshi* é um título atribuído aos mestres do Zen), no Centro Zen de Minnesota, em Minneapolis. Sempre que me dirigia a ele e lhe fazia alguma pergunta sobre o budismo, eu tinha certa dificuldade para entender a resposta. Até que ele dizia: "Por exemplo, quando você está escrevendo um texto..." Quando ele se referia à escrita, eu compreendia. Cerca de três anos atrás, ele me falou: "Por que você pratica meditação? Por que não faz da escrita a sua prática? Se você realmente se aprofundar no ofício de escrever, ele o levará a qualquer lugar."

Este livro é sobre a escrita. É também sobre como fazer da escrita a sua prática, uma maneira de ajudá-lo a compreender sua vida e tornar-se mais equilibrado. Tudo o que se diz aqui a respeito da escrita pode ser aplicado à corrida, à pintura, a qualquer coisa que você ame e com a qual tenha escolhido trabalhar em sua vida. Depois de me ouvir ler vários capítulos deste livro, meu amigo John Rollwagen, presidente da Cray Research, observou: "Puxa, Natalie, você está falando de negócios. É exatamente assim no mundo dos negócios. Não existe diferença alguma."

Aprender a escrever não é um processo linear. Não existe uma seqüência lógica de etapas, um abecê para se tornar um bom escritor. Nenhuma verdade, por melhor que seja, é capaz de responder a tudo. Existem muitas verdades. Escrever significa lidar com toda a sua vida. Se você recebe uma série de instruções sobre como imobilizar um osso quebrado no tornozelo, não pode usar esse mesmo conhecimento para fazer uma obturação dentária. Numa seção deste livro você será orientado a ser específico e preciso. Isso serve para curar o hábito de escrever de maneira excessivamente abstrata e sinuosa. Mas então, em um outro capítulo, será chamado a soltar o controle, a escrever no ritmo da emoção. Isso serve para estimulá-lo a expressar, com profundidade, o que você precisa dizer. Já outro capítulo recomendará que você tenha um escritório, que arranje um lugar só seu para escrever, enquanto o capítulo seguinte dirá: "Saia de casa, fuja da louça suja na pia. Vá escrever num café." Cada técnica é apropriada para uma determinada situação. Cada momento é único. Várias coisas diferentes podem funcionar. Não existe certo e errado.

Quando dou uma aula, meu desejo é que os alunos "registrem a essência", o discurso elementar e vivo da mente. Mas também sei que não posso simplesmente dizer: "Pois bem, escrevam com clareza e muita sinceridade." Nas aulas, experimentamos diferentes técnicas e métodos. Mais cedo ou mais tarde, os alunos atingem seu objetivo e descobrem aquilo que devem dizer e como devem dizê-lo. Mas raramente é uma questão de: "Então, na terceira aula, depois que aprendermos isso e aquilo, vocês saberão escrever bem."

O mesmo ocorre com a leitura deste livro. Lê-lo do começo ao fim, na seqüência, pode funcionar muito bem na primeira vez. Mas você pode também abrir em um capítulo qualquer e começar daí. Cada capítulo foi elaborado como uma unidade independente. Relaxe e tente absorver as informações com o corpo e com a mente, como se por osmose. E não fique apenas na leitura. Escreva. Confie em si mesmo. Descubra as suas próprias necessidades. Use este livro.

Papel, caneta e a mente do iniciante

É ótimo dar aulas para quem está começando. Voltar a pensar como um iniciante, relembrar minhas primeiras impressões sobre a escrita. De certa maneira, devemos sempre voltar a pensar como um iniciante toda vez que nos sentamos para escrever. Não há como prever nem garantir que, por termos produzido um texto bom dois meses atrás, seremos sempre capazes de repetir o feito. Na verdade, sempre que começamos um novo projeto, perguntamo-nos como foi que conseguimos fazer aquilo antes. Cada início é uma nova jornada para a qual não existem mapas.

Então, quando dou aulas de redação, tenho de contar a história desde o princípio, sem me esquecer de que aqueles alunos a estão ouvindo pela primeira vez. Tenho de começar bem do começo.

Em primeiro lugar, pense na caneta que você usa para escrever. Ela deve proporcionar uma escrita rápida, pois seu pensamento é sempre muitíssimo mais veloz do que sua mão. Você não quer uma caneta que faça sua mão demorar ainda mais. Esferográficas, hidrográficas e lápis são, certamente, opções mais lentas. Vá até uma papelaria e experimente vários tipos, até encontrar o que mais lhe agradar. Não escolha nada muito chique nem muito caro. Particularmente, sempre uso um modelo baratinho, uma caneta-tinteiro da Sheaffer que custa menos de dois dólares e tem cartucho recarregável. Comprei centenas ao longo dos anos. Já usei várias cores diferentes. Elas sempre vazam, mas são rápidas. Essas novas canetas tipo *rollerball* também são bem velozes, mas você perde um pouco do controle. É interessante sentir o contato e a textura da caneta sobre o papel.

Pense também no caderno. É importante. Ele é o instrumento de trabalho do escritor, assim como o martelo e o prego são as ferramentas do carpinteiro. (Veja que sorte: com um investimento baixíssimo você já abre seu negócio!) Algumas pessoas optam por cadernos caros de capa dura, mais volumosos e pesados – e tão elegantes que você se sente obrigado a escrever algo bom. Mas o importante é que você se sinta livre para escrever as maiores bobagens sem nenhum constrangimento. Dê-se o espaço necessário para explorar o texto. Um caderno espiral, daqueles baratos, proporciona a sensação de que logo poderemos completá-lo e comprar outro em seguida. E também é fácil de carregar. Sempre compro bolsas com o tamanho apropriado para acomodá-lo.

Garfield, Muppets, Mickey Mouse, Guerra nas Estrelas. Gosto de cadernos com capas divertidas. Nunca faltam lançamentos na época de volta às aulas. Custam um pouco mais do que os cadernos espirais, mas eu prefiro. Não posso me levar muito a sério escrevendo num caderno do Snoopy. Isso também me ajuda a localizá-los com mais facilidade: "Ah, sim, naquele verão usei cadernos com motivos de *cowboy*." Experimente vários tipos diferentes – com pauta ou sem pauta, de capa dura ou capa mole. O importante é que você se adapte bem.

O tamanho do caderno também é relevante. Um caderno pequeno cabe no seu bolso, mas seus pensamentos também serão pequenos. Isso não é problema. William Carlos Williams, famoso poeta americano e também pediatra, escreveu vários poemas no seu receituário, nos intervalos das consultas.

Detalhe

Seu doutor, andei te procurando
Te devo dois paus.

Como é que vai?

Bem. Quando arranjar a gaita
Te trago.[1]

Há muitos poemas do tamanho de receita nas obras reunidas do autor.

Em alguns momentos, em vez de escrever à mão, você talvez queira digitar seu texto. O ato de escrever é físico e diretamente influenciado pelo equipamento que se utiliza. Ao datilografar, os dedos pressionam as teclas e produzem uma seqüência de letras de fôrma, todas pretas e uniformes: é um aspecto diferente de você que se manifesta. Descobri que, quando escrevo algo que envolve sentimentos, preciso primeiro escrever à mão, diretamente sobre o papel. A escrita à mão está mais ligada ao movimento do coração. Por outro lado, quando escrevo contos, parto logo para a máquina de escrever.

Outra coisa que você pode fazer é ditar o texto para um gravador e ver como se sente dando voz a seus pensamentos. Essa forma pode ser conveniente às vezes: digamos que você esteja fazendo a barra de um vestido e de repente comece a lembrar de como foi a história com seu ex-marido e decida escrever sobre o assunto. Suas mãos estão ocupadas na costura, mas você pode ditar o texto para o gravador.

Tenho pouca experiência com o computador, mas consigo me imaginar usando um Macintosh, com o teclado no colo, de olhos fechados, digitando sem parar. O computador muda

1. William Carlos Williams, "Detail", em *The Collected Earlier Poems* (Nova York: New Directions, 1938).

de linha automaticamente. Esse recurso se chama *wraparound*. Você pode escrever até cansar. E sem se preocupar com o tilintar da máquina de escrever sempre que se aproxima do final da linha.

Experimente. Tente também escrever num daqueles grandes blocos de desenho. É verdade que o mundo interior cria o mundo exterior, mas o mundo exterior e as ferramentas que usamos também influenciam a forma tomada por nossas idéias. Que tal escrever no céu?

Escolha seus instrumentos com cuidado, mas não a ponto de se sentir intimidado por eles, ou gastar mais tempo na papelaria do que trabalhando na escrivaninha.

Primeiras impressões

O elemento básico da prática de escrever é o exercício com tempo determinado. Você pode estabelecer seu limite em dez minutos, vinte minutos ou uma hora. A escolha é sua. É possível começar com pouco e aumentar o tempo depois de uma semana, ou se jogar de cabeça por uma hora já na primeira vez. Não faz diferença. O importante é que você cumpra o limite de tempo estipulado para aquela sessão:

1. *Mantenha a mão em movimento.* Não pare para reler a linha que acabou de escrever. Isso é se retardar e tentar controlar o que você está dizendo.
2. *Não rasure.* Isso é editar enquanto escreve. Mesmo que escreva algo que não pretendia escrever, deixe como está.
3. *Não se prenda a ortografia, pontuação, gramática.* Tampouco se prenda às margens ou às linhas da página.
4. *Solte o controle.*
5. *Não pense. Não tente ser lógico.*
6. *Pegue na veia.* Se surgir algo muito forte ou muito chocante no seu texto, mergulhe fundo. É provável que ali exista uma grande fonte de energia.

Essas são as regras. É importante respeitá-las, pois o objetivo aqui é justamente conseguir chegar até aquelas primeiras impressões; é voltar àquele momento longínquo no qual a energia ainda não havia sido obstruída pelas boas maneiras ou pelo censor interior; é retornar àquele instante em que você escreve exatamente aquilo que a sua mente vê e sente, não aquilo que a mente pensa que vê e sente. É uma ótima oportunidade para captar todas as estranhezas da sua mente. Explore o lado mais áspero do pensamento. É como ralar uma cenoura: dê ao papel as lascas coloridas da sua consciência.

Essas idéias iniciais guardam uma energia tremenda. São as primeiras impressões que a mente produz a respeito das coisas. O censor interno geralmente as reprime e, por essa razão, permanecemos no nível das segundas e das terceiras impressões, impressões de impressões, distantes duas, três vezes daquela primeira imagem original. Digamos, por exemplo, que a frase "Arranquei a margarida da garganta" tenha surgido em minha mente. Num segundo momento, meu cérebro – cuidadosamente condicionado pela lógica que diz que 1 + 1 = 2, pela polidez, pelo medo e pela timidez diante do que é natural – responderá: "Isso é ridículo. Você parece uma suicida. Não retrate a si mesma tentando cortar a garganta. Pensarão que você é maluca." Se dermos ouvidos ao nosso censor interior, escreveremos: "Minha garganta estava um pouco inflamada, por isso não disse nada." Certinho e sem graça.

Além disso, as primeiras impressões não são tolhidas pelo ego, por esse mecanismo em nós que tenta exercer o controle, tentando provar que o mundo é permanente e sólido, constante e lógico. O mundo não é permanente: é mutante e está repleto de sofrimento. Assim, se você expressa algo sem a influência do ego, o resultado também estará repleto de energia, pois expressará as coisas tal como são de verdade. Em vez de carregar o peso do ego em sua expressão, estará velejando nas ondas da consciência humana e usando seu arsenal de particularidades para retratar a viagem.

Na meditação zen, costumamos sentar numa almofada chamada zafu, com as pernas cruzadas, coluna ereta, mãos nos joelhos ou na frente do corpo, numa posição denominada mudra. Posicionamo-nos diante de uma parede branca e observamos nossa respiração. Independentemente do sentimento que estamos experimentando no momento – tempestades de ódio e resistência, furacões de alegria e de tristeza –, permanecemos sentados, coluna ereta, pernas cruzadas, olhando para a parede. Aprendemos a não nos deixar abalar pela emoção ou pelo pensamento, por mais intensos que sejam. A disciplina é esta: permanecer sentado.

O mesmo ocorre com a escrita. Você precisa ser um grande guerreiro quando toma contato com as suas primeiras impressões e escreve a partir delas. Sobretudo no início, é provável que você seja arrebatado por uma forte emoção ou energia, mas não pare de escrever. Continue usando a caneta e registrando os detalhes da sua vida até chegar ao cerne. Nas aulas iniciais, é comum os alunos chorarem ao ler seus textos. Isso é normal. Às vezes, choram até quando estão escrevendo. Estimulo-os a continuar lendo ou escrevendo mesmo entre lágrimas. Desse modo, completam a tarefa e não se deixam desconcentrar pela emoção. Não se deixe interromper pelo choro; prossiga até encontrar a verdade. Disciplina é isso.

Acima de tudo, sabe por que as primeiras impressões são tão poderosas? Porque são sinônimos de frescor e inspiração. Inspiração vem de inspirar, inalar. Inalar Deus. Na verdade, você se torna maior do que si mesmo e as primeiras impressões se fazem presentes. Elas não são um simulacro daquilo que está realmente acontecendo ou daquilo que estamos sentindo. O presente está imbuído de uma energia extraordinária. As coisas são o que são. Ao sair de um retiro de meditação, uma amiga budista comentou: "As cores ficaram muito mais vibrantes." Ao que seu instrutor respondeu: "Quando estamos presentes, o mundo se torna verdadeiramente vivo."

Aprender a escrever requer prática. É como correr: quanto mais treinamos, melhor o nosso desempenho. Em certos dias, estamos sem vontade de correr e cada passo é uma luta naqueles cinco quilômetros. Mas corremos mesmo assim. Querendo ou não, treinamos. Ninguém fica esperando por uma inspiração ou por um desejo repentino de correr. Isso nunca acontecerá, principalmente se estivermos fora de forma ou evitando o exercício. Mas, se corremos com freqüência, treinamos a mente para vencer ou ignorar a resistência. Simplesmente corremos. Na metade do caminho, estamos adorando. No final, não queremos parar. E, quando paramos, não vemos a hora de começar de novo.

Com escrever também é assim. Uma vez envolvidos de corpo e alma na atividade, sempre nos perguntamos por que demoramos tanto tempo para sentar e começar a trabalhar. A prática realmente leva à perfeição. Você aprende a ter mais confiança no seu "eu" interior e a não ceder à voz que tenta desestimulá-lo a escrever. Achamos normal que um time de futebol treine por tantas horas seguidas antes de um jogo; entretanto, quando se trata de escrever, raramente nos damos a oportunidade de praticar.

Quando for escrever, não diga: "Agora vou escrever um poema." Essa atitude o paralisará imediatamente. Evite ao máximo as expectativas. Diga: "Sou livre para escrever as maiores bobagens do mundo." Permita-se escrever sem destino. Tive alunos que afirmaram ter decidido escrever o maior romance americano e, desde então, não passaram da primeira linha. Se tiver muitas expectativas toda vez que se sentar à escrivaninha, o processo de escrever será sempre muito frustrante. Sem falar que toda essa ansiedade poderá afastá-lo ainda mais do exercício de escrever.

Minha regra é completar um caderno por mês. (Volta e meia crio essas regrinhas para mim mesma.) Simplesmente preenchê-lo. É assim o treino. Meu ideal é escrever todos os dias. Repito: trata-se de um ideal. Tomo cuidado para não me criticar nem ficar ansiosa se não consigo cumpri-lo. Não se pode viver preso a ideais.

Nos meus cadernos, não me preocupo com as margens laterais ou com a margem superior: uso a página toda. Não estou mais na escola. Não escrevo mais para o professor ler. Escrevo para mim mesma e, portanto, não preciso ater-me a limites, muito menos a margens. Isso me proporciona uma certa liberdade, uma certa licença psicológica. E quando estou escrevendo, com a mão na massa, pouco me importa a ortografia ou a pontuação. Até minha caligrafia muda. Ela se torna maior e mais solta.

Muitas vezes, ao observar os alunos escrevendo na sala de aula, sou capaz de distinguir quais deles estão realmente presentes, de corpo e alma, naquele momento. Eles se mostram mais intensamente envolvidos na tarefa e exibem uma postura corporal mais relaxada. Mais uma vez é como na corrida. Há pouca resistência quando o exercício é bem-feito. Todo o seu ser está em movimento: o "eu" não se separa do corredor. Quando estamos realmente presentes ao escrever, não existe escritor, papel, caneta, pensamento. Só o escrever acontece – todo o resto desaparece.

Um dos principais objetivos da prática de escrever é aprender a confiar na sua mente e no seu corpo; tornar-se a cada dia mais paciente e menos agressivo. A arte pertence a um mundo maior. Se é um poema ou um conto, não faz lá muita diferença. O importante é o processo de escrever e viver. Muitos autores escreveram livros fantásticos e acabaram loucos, alcoólicos, suicidas. Essa prática nos ensina a sanidade. Tentamos ser sãos enquanto escrevemos nossos poemas e contos.

Chögyam Trungpa Rinpoche, mestre budista tibetano, dizia o seguinte: "É preciso abrir-se mesmo em face da oposição mais hostil. Ainda que nada nos motive, devemos sempre desfolhar as pétalas do coração." O mesmo ocorre com a prática de escrever. É preciso continuar a se abrir e confiar na sua voz e no processo em si. No final, se o processo for bom, o resultado também será bom. Seu texto será bom.

Certa vez, uma amiga me contou que, sempre que fazia um bom desenho em preto-e-branco e decidia colori-lo, treinava antes com outras figuras de qualidade inferior, como uma espécie de aquecimento. Praticar também é um aquecimento para qualquer coisa que você se proponha escrever. É o pontapé inicial, é a maneira mais primitiva e original de começar. A confiança que você adquire em sua voz interior pode ser direcionada a uma carta comercial, um romance, uma tese de doutorado, uma peça, um livro de memórias. Mas isso é algo a que você deve voltar sempre e sempre. Não pense: "Agora sim! Já sei escrever. Confio na minha voz. Estou pronto para escrever o maior romance do século." Estar pronto para escrever um romance é ótimo, mas nunca deixe de se dedicar ao treino. É isso que o mantém afinado, como um bailarino que faz aquecimento antes de dançar ou um atleta que faz alongamento antes de correr. Os corredores não dizem: "Corri ontem, então já estou preparado." Eles se aquecem e se alongam todos os dias.

A prática de escrever se estende a todos os aspectos da sua vida e não impõe nenhuma seqüência lógica: não há nenhum capítulo 19 dando seqüência à ação do capítulo 18. É o momento de se soltar, de ser livre para misturar a lembrança da sopa que sua avó fazia com a imagem deslumbrante das nuvens vistas da sua janela. Não há uma direção a seguir e diz respeito somente a você e ao tempo presente. Imagine que a prática de escrever é um espaço que sempre o acolherá de braços abertos, sem lhe exigir nenhuma lógica ou coerência. É a nossa floresta selvagem, onde reunimos energia para ir aparar o nosso jardim, escrever nossos belos poemas e romances. É prática contínua.

Agora sente-se. Dê-me este momento. Escreva o que estiver passando por sua cabeça. Você pode começar com "neste momento" e acabar escrevendo sobre a gardênia que usou no seu casamento, sete anos atrás. Tudo bem. Não tente controlar nada. Esteja atento a tudo o que surgir e mantenha a mão em movimento.

Compostagem

A consciência leva um certo tempo para filtrar as experiências. Por exemplo, é difícil escrever sobre o amor quando estamos envolvidos numa paixão arrebatadora. Não temos o distanciamento necessário. Tudo o que conseguimos dizer é "Estou loucamente apaixonado", centenas de vezes. Também é complicado escrever sobre uma cidade para a qual acabamos de nos mudar; ela ainda não se incorporou a nós. Não conhecemos bem a nossa nova casa, mal sabemos chegar até a farmácia sem nos perder. Ainda não passamos ali três invernos nem vimos os patos migrarem no outono e retornarem aos lagos na primavera. Hemingway escreveu sobre Michigan enquanto estava sentado num café em Paris. "Quando estiver longe, talvez eu possa escrever sobre Paris assim como em Paris pude escrever sobre Michigan. Não sabia que ainda era muito cedo para isso, porque ainda não conhecia Paris o suficiente."[2]

Os nossos sentidos, por si sós, não têm inteligência. Eles absorvem as sensações, mas precisam daquela fertilidade que surge quando sofrem a ação prolongada de nossa consciência e de todo o nosso corpo. Chamo esse processo de "compostagem". Imagine que o corpo é um depósito de lixo: acumulamos experiência e, a partir da decomposição das cascas de ovo, folhas de espinafre, pó de café e sobras de carne, descartados pela mente, surgem nitrogênio, calor e adubo. É desse solo fértil que brotam nossos poemas e histórias. Mas isso não acontece de uma hora para outra. Leva tempo. Con-

2. Ernest Hemingway, *A Moveable Feast* (Nova York: Charles Scribner's Sons, 1964).

tinue sempre revirando os detalhes orgânicos da sua vida até que, infiltrando-se pelo lixo dos pensamentos discursivos, eles possam chegar à rica camada de húmus.

Quando um aluno escreve várias páginas de texto e as lê em voz alta em sala de aula, ainda que o resultado não seja necessariamente excelente, fico contente de perceber que ele está explorando sua mente em busca de material. Sei que ele vai continuar, que não está obcecado com o texto "perfeito", que está no processo de treinar. Está arando o solo de sua mente, remexendo aqueles pensamentos ainda incipientes. Se continuarmos trabalhando essa matéria-prima, ela vai nos aproximar cada vez mais de nós mesmos, mas não de maneira neurótica. Começaremos a ver o rico jardim que existe dentro de nós e a usá-lo para escrever.

Às vezes preciso martelar seguidamente no mesmo assunto. Por exemplo, se examinar meus cadernos de agosto a dezembro de 1983, você verá que eu tentei, várias vezes por mês, escrever sobre a morte de meu pai. Estava explorando e revirando o material. Até que num dia de dezembro, não sei explicar como, sentei-me completamente transfigurada no Croissant Express, em Minneapolis, e um longo poema jorrou de mim. Instantaneamente, todas aquelas coisas disparatadas que eu queria dizer fundiram-se com energia e harmonia – uma tulipa, de um vermelho intenso, brotou daquele composto. Katagiri Roshi dizia o seguinte: "Sua pequena vontade não faz nada. É preciso uma Grande Determinação. Não se trata apenas de esforço. Significa que todo o universo está com você e por trás de você – os pássaros, as árvores, o céu, a lua e as dez direções." De repente, depois de muito trabalhar o solo, você se vê em alinhamento com as estrelas, ou com o momento presente, ou com o lustre da sala de jantar sobre sua cabeça, e seu corpo todo se abre e fala.

Quando entendemos esse processo, cultivamos a paciência, geramos menos ansiedade. Não precisamos administrar tudo, nem mesmo o que escrevemos. Por outro lado, devemos praticar sempre. Não há desculpa para parar de escrever e ficar no sofá comendo bombons. Devemos sempre trabalhar o nosso solo, enriquecendo e fertilizando a nossa terra para que dali brote algo belo, para que os músculos que usamos ao escrever estejam em forma para conduzir o universo quando este passar através de nós.

Essa compreensão também nos ajuda a aceitar o sucesso dos outros e a não ser tão ambiciosos. Cada um tem o seu momento. O nosso chegará nesta vida ou na próxima. Não faz diferença. Continue praticando.

Estabilidade artística

Tenho uma pilha de um metro e meio de altura de cadernos que vêm desde 1977, aproximadamente, quando comecei a escrever, em Taos, Novo México. Minha vontade é jogar tudo fora – quem é que suporta reler as besteiras que saem da cabeça enquanto praticamos escrever? Tenho um amigo no Novo México que constrói casas ecológicas com latinhas de alumínio e pneus velhos. Acho que vou tentar construir uma casa com cadernos espirais usados. Minha vizinha de cima pediu: "Não se desfaça deles." Respondi que, se quisesse, poderia ficar com tudo.

Empilhei os cadernos na escada que leva ao apartamento dela e fui passar quatro dias em Norfolk, Nebraska, para conduzir uma oficina literária. Quando voltei, ela olhou para mim com uma cara esquisita e, aboletando-se na velha poltrona cor-de-rosa do meu quarto, disse: "Fiquei lendo seus cadernos durante todo o fim de semana. São textos tão íntimos, muitas vezes tão acanhados e hesitantes! Mas de repente você sai de cena e o que fica é uma energia crua, um pensamento selvagem. E agora aqui está *você*, Natalie, simplesmente uma pessoa de carne e osso. É tão estranho!" Gostei de ouvir seu comentário porque não tenho vergonha de ser vista como realmente sou. Fiquei feliz. Quero que alguém me conheça. Convivemos com tantos mitos sobre os outros e nós mesmos que nos sentimos gratos quando alguém nos vê e aceita tal como somos.

Ela disse que ler meus textos foi uma experiência transformadora, pois percebeu que, de fato, eu escrevia muita "abobrinha", às vezes ao longo de um caderno inteiro. Sempre digo aos meus alunos: "Vejam, já escrevi e vou continuar escrevendo, página após página, as coisas mais terríveis que a autopiedade pode produzir." Eles não acreditam em mim. Meus cadernos são a prova viva disso. Minha vizinha comentou: "Comparando o lixo que você escrevia no passado com isto que você escreve hoje, percebo que posso fazer qualquer coisa. Nossa mente é tão poderosa! Sabe-se lá o que sou capaz de fazer!" Ela disse que a coisa mais importante que viu naqueles cadernos – recheados de lamúrias, descrições monótonas e raiva exacerbada – era a minha plena confiança no processo. "Vi que você não desistia mesmo quando escrevia 'Devo ser maluca para escrever uma coisa dessas'."

Eu acreditava mesmo no processo. Estava imersa na mesmice de longos e secos dias nas colinas do Novo México, numa cidade onde *Tubarão* ficou em cartaz por seis meses seguidos no único cinema existente. Tinha fé na possibilidade de algo verdadeiro sob a superfície da vida, ou talvez em meio à própria vida. Mas meus pensamentos quase sempre me faziam dormir ou me distraíam. Por outro lado, meus pensamentos e minha vida eram tudo o que eu tinha. E então passei a escrever a partir deles. "Conforme avanço na leitura de seus cadernos, vejo que essa maneira de escrever fez de você quem você é. Ela comprova que você é realmente humana."

Quando começamos a escrever dessa forma – a partir de nossas próprias idéias –, devemos estar dispostos a produzir muitas bobagens por anos a fio, pois passamos um tempo muito maior acumulando e, inconscientemente, ignorando essas bobagens dentro de nós. Devemos olhar para nossa própria inércia, nossas inseguranças, nosso desprezo por nós mesmos, nosso medo de que, na verdade, não tenhamos nada de valor para dizer. O novo sempre nos desperta resistência. Agora temos a oportunidade de não fugir ou de não nos deixar abalar, mas de pôr o preto no branco, de olhar para tudo aquilo no papel e entender o que aquelas vozes tolas querem dizer. Quando nossa produção brota desse tipo de solo, o resultado é um texto muito estável. Não estamos fugindo de nada. Passamos a desfrutar uma certa segurança artística. Quando deixamos de temer nossas vozes interiores, também deixamos de temer nossos críticos exteriores. Além disso, essas vozes nada mais são do que guardiões e demônios a proteger nosso verdadeiro tesouro, os primeiros pensamentos da mente.

Na verdade, quando olho para meus velhos cadernos, tenho a impressão de ter sido um tanto indulgente comigo mesma, de ter me permitido divagar por tempo demais em pensamentos discursivos. Deveria ter ido mais diretamente ao ponto. De qualquer maneira, é bom conhecer nossos defeitos, não para glorificá-los ou criticá-los, mas simplesmente para reconhecê-los. Assim, de posse desse conhecimento, estaremos aptos para escolher a beleza, a gentileza, a verdade inegável. Fazemos essa escolha com os dois pés fincados no chão. Não podemos correr atrás da beleza com o medo em nosso encalço.

Lista de tópicos para a prática de escrever

Às vezes nos sentamos para escrever e não conseguimos pensar em absolutamente nada para dizer. O papel em branco nos intimida. Além disso, ficar escrevendo "Não sei o que dizer; não sei o que dizer" durante dez minutos de prática é muito maçante. É interessante reservar uma página do caderno para anotar, assim que surgirem em sua cabeça, idéias de tópicos sobre os quais escrever. Pode ser uma frase que você ouviu. Por exemplo, certa vez, num restaurante, reclamei de um garçom a seu colega e ouvi a seguinte resposta: "Ele é esquisito, eu sei. Mas, se alguém dança em um ritmo diferente, então que dance." Pode ser uma lembrança: a dentadura do seu avô; o perfume dos lilases que você não sentiu em junho passado; quem você era de sapatilhas aos oito anos. Pode ser qualquer coisa. Sempre que lhe ocorrer algo, acrescente-o à sua lista. Assim, quando se sentar para escrever, você só precisará escolher um tópico e ir em frente.

É ótimo compor listas. Assim percebemos a diversidade de matéria-prima presente em nosso dia-a-dia. Começamos então a escrever a partir dessa interação com a vida e com sua textura. Dessa forma, inicia-se o processo de compostagem. Nosso corpo começa a digerir e a processar o material, de modo que, mesmo quando não estamos fisicamente sentados à mesa escrevendo, certas partes de nós estão arando, adubando, expondo-se ao sol, preparando-se para que as viçosas plantas do escrever possam crescer.

Se gastar muito tempo pensando em como começar, a sua "mente macaca" é capaz de ficar pulando de tópico em tópico e nunca pôr uma palavra sequer no papel. Por esse motivo, a lista também pode ajudá-lo a dar logo a partida e vencer a resistência. Depois que começa a escrever, muitas vezes você se surpreende ao ver como seu intelecto desenvolveu determinada idéia. Isso é bom. Significa que você não está tentando controlar o texto. Está deixando o caminho livre. Mantenha a mão em movimento.

Mas, até que você crie sua própria lista, aqui vão algumas idéias:

1. Fale sobre o tipo de luz que entra pela sua janela. Vá fundo e escreva. Não se preocupe se é noite e a cortina está fechada, ou se seria melhor escrever sobre a luz na região norte – simplesmente escreva. Prossiga por dez, quinze, trinta minutos.
2. Comece com "Eu me lembro". Enumere várias pequenas lembranças. Se aparecer alguma lembrança importante, escreva sobre ela. Mantenha o texto fluindo. Não importa se o fato aconteceu cinco segundos ou cinco anos atrás. Tudo o que não fizer parte desse momento presente é uma lembrança que vem à tona enquanto você escreve. Se a coisa emperrar, apenas repita a frase "Eu me lembro" e continue de onde parou.
3. Pense em algo que desperte em você sentimentos fortes, tanto positivos quanto negativos. Primeiro, escreva sobre isso como se o adorasse. Vá até onde der. Depois, vire a página e escreva como se o odiasse. Em seguida, escreva um texto em tom absolutamente neutro.
4. Escolha uma cor – rosa, por exemplo – e faça uma caminhada de quinze minutos. Enquanto caminha, repare em tudo o que for cor-de-rosa. Volte para o caderno e escreva durante outros quinze minutos.

5. Procure lugares diferentes para escrever. Você pode ir até uma lavanderia e escrever no ritmo das máquinas de lavar. Ou então sentar-se num ponto de ônibus, num café. Relate o que está acontecendo à sua volta.
6. Descreva como é a sua manhã. Tomar café, acordar, caminhar até o ponto de ônibus. Seja o mais específico possível. Desacelere o pensamento e repasse todos os detalhes da manhã.
7. Visualize um lugar do qual você realmente goste, imagine-se lá, observe os detalhes. Agora escreva sobre esse lugar. Pode ser um canto do seu quarto, uma árvore antiga sob a qual você se sentou durante todo o verão, uma mesa do McDonald's perto da sua casa, algum lugar às margens de um rio. Quais são as cores, os sons, os cheiros? Diante de seu texto, o leitor deverá saber como é estar lá. Deverá perceber que você adora esse lugar, não porque disse que o adora, mas pelo tratamento que deu aos detalhes.
8. Escreva sobre despedidas. Aborde o assunto da maneira que quiser. Fale sobre seu divórcio, sobre como foi sair de casa hoje de manhã, sobre a morte de um amigo.
9. Qual é a sua lembrança mais antiga?
10. Que pessoas você amou um dia?
11. Escreva sobre as ruas de sua cidade.
12. Descreva um de seus avós.
13. Escreva sobre:

    natação
    as estrelas
    o maior medo que você já sentiu
    áreas verdes
    como você ficou sabendo de sexo

sua primeira experiência sexual
quando você se sentiu mais próximo de Deus
ou da natureza
as leituras e os livros que mudaram a sua vida
resistência física
um professor que você teve

Não seja abstrato. Escreva com veracidade. Seja sincero e detalhista.

14. Pegue um livro de poesia. Abra numa página qualquer. Escolha um verso, transcreva-o no papel e prossiga a partir dali. Um amigo meu chama isso de "extrapolar a página". A vantagem é que, se escolhemos um bom verso, já temos meio caminho andado. "Morrerei em Paris, num dia chuvoso. (...). Será numa quinta-feira", do poeta Cesar Vallejo[3]: "Morrerei numa segunda-feira às onze horas; numa sexta-feira às três da tarde, dirigindo um trator em Dakota do Sul; numa *delicatessen* no Brooklyn", e assim por diante. Sempre que se sentir travado, reescreva a primeira frase e siga em frente. Isso lhe dá a chance de começar de novo e tomar uma nova direção – "Não quero morrer e não importa se for em Paris, Moscou ou Youngstown, Ohio".
15. Que tipo de animal você é? Será que dentro de você existe uma vaca, um esquilo, uma raposa, um cavalo?

Aprenda a gerar seus próprios tópicos e temas. É um treino excelente.

3. Cesar Vallejo, "Black Stone Lying on a White Stone", em *Neruda and Vallejo*, ed. Robert Bly (Boston: Beacon Press, 1971).

Brigando com o tofu

Disciplina sempre foi uma palavra cruel. Sempre me faz pensar que preciso subjugar o meu lado preguiçoso, o que nunca funciona. Nessa batalha contínua, uma parte de mim ordena e a outra resiste:

"Não estou com vontade de escrever."

"Mas você vai."

"Mais tarde. Agora estou cansada."

"Vai escrever já."

Nesse ínterim, meu caderno continua em branco. É mais uma maneira que o ego encontra para continuar brigando. Katagiri Roshi tem uma expressão fabulosa: "brigar com o tofu". Tofu é um queijo feito de soja – branco, denso e sem gosto. É inútil lutar contra ele. Não se chega a lugar algum.

Se esses seus personagens interiores querem brigar, deixe-os brigar. Enquanto isso, aquela sua porção mais sensata deverá silenciosamente levantar-se, pegar o caderno e começar a escrever, agora a partir de uma perspectiva mais profunda e mais serena. Infelizmente, esses dois briguentos continuarão ali com você, já que estão dentro de sua cabeça. Não é sempre que podemos largá-los no quintal, no porão ou na creche. O que você pode fazer, então, é permitir que eles se manifestem por cinco ou dez minutos no seu caderno. Deixe-os conduzir o texto. É impressionante ver que, quando abrimos espaço para essas vozes, suas reclamações se tornam repetitivas e logo nos cansamos delas.

A questão é a resistência. O ego pode ser muito criativo e engendrar as mais incríveis táticas de oposição. Uma amiga minha, quando estava começando a escrever seu primeiro romance, contava que, no início, ela passava dez minutos à frente da máquina de escrever e só conseguia falar sobre a péssima escritora que era, sobre a estupidez de querer escrever um romance. Em seguida, arrancava aquela página, rasgava e então começava a tarefa do dia – escrever mais um capítulo de seu livro.

É fundamental pensar antecipadamente numa maneira de dar o primeiro passo. Caso contrário, lavar a louça acabará se tornando a coisa mais importante do mundo, assim como tudo o que puder distraí-lo de seu texto. No fim das contas, o que temos a fazer é calar a boca, sentar e escrever. E isso é doloroso. Escrever é uma tarefa extremamente simples, básica e penosa. Não existem engenhocas modernas e mirabolantes capazes de torná-la mais atraente. Inquieta como é, nossa "mente macaca" certamente preferirá discutir essa nossa resistência com um amigo, sentados num agradável restaurante, ou procurar um terapeuta para tratar dos nossos bloqueios criativos. Gostamos de complicar as tarefas mais fáceis. Há um ditado zen que diz: "Ao falar, fale; ao caminhar, caminhe; ao morrer, morra." Ao escrever, escreva. Pare de se debater com a culpa, as acusações, as ameaças coercitivas.

Dito isso, descreverei agora alguns truques que usei no passado para me estimular a escrever.

1. Há tempos não escrevo nada. Então ligo para uma amiga escritora e combino de encontrar-me com ela dali a uma semana, para revisarmos nosso trabalho. Assim, serei obrigada a escrever alguma coisa para lhe mostrar.
2. Como dou aulas de redação, tenho de fazer os exercícios que aplico em sala de aula. Não esperei até ganhar vasta experiência para começar a lecionar. Dez anos atrás, havia poucos escritores em Taos, onde eu morava.

E eu precisava de amigos que escrevessem. Foi quando organizei um grupo de redação só de mulheres. Fui aprendendo a escrever enquanto ensinava. Baba Hari Dass, um iogue indiano, disse o seguinte: "Ensine para aprender."

3. Acordo de manhã e digo para mim mesma: "Tudo bem, Natalie, você tem até as dez horas para fazer o que quiser. Às dez você deverá estar com a caneta em mãos." Abro um espaço para mim, mas também me imponho um limite.
4. De manhã, levanto da cama, vou direto para minha mesa e começo a escrever – sem pensar, sem lavar o rosto, sem falar com ninguém.
5. Faz dois meses que dou aulas o dia inteiro, cinco vezes por semana. Chego em casa muito cansada e sem vontade de escrever.

   A três quarteirões da minha casa, tem uma padaria maravilhosa que faz deliciosos biscoitos caseiros de chocolate, por trinta centavos. Lá também permitem que você fique sentado escrevendo o tempo que quiser. Cerca de uma hora depois de eu chegar em casa do trabalho, digo para mim mesma: "Pois bem, Natalie, se você for ao Croissant Express e escrever durante uma hora, terá direito a comer dois biscoitos." Em quinze minutos já estou com o pé na rua, pois chocolate é uma das minhas forças motrizes. Só houve um problema: na sexta-feira tive a desfaçatez de comer quatro biscoitos em vez dos dois permitidos. Mas o importante é escrever. Quando estou realmente mergulhada nisso, essa é a maior recompensa.
6. Tento preencher um caderno por mês. Não há nenhuma exigência quanto à qualidade, apenas à quanti-

dade – completar um caderno inteiro, não importa quanta porcaria eu escreva. Se hoje é dia 25, só escrevi cinco páginas e tenho mais setenta para preencher até o fim do mês, terei muito que escrever nos próximos cinco dias.

Você pode inventar os truques que desejar. Apenas tome cuidado para não embarcar no círculo vicioso de culpa, fuga e coação. Quando for a hora de escrever, escreva.

Problemas com o editor

Quando escrevemos, é essencial separar nosso lado criador de nosso lado editor, ou censor, para que o primeiro possa respirar, experimentar e expressar-se livremente. Se o editor for muito insistente e você tiver dificuldade de distingui-lo de sua voz criativa, sente-se e ponha no papel tudo o que ele estiver dizendo, com todas as palavras: "Você é uma idiota, quem disse que você sabia escrever, odiei seu trabalho, você é péssima, você me dá vergonha, você não tem nada de bom para dizer e, para piorar, não sabe usar a gramática", e assim por diante. Soa familiar?

Quanto mais a fundo você conhecer o editor, mais fácil será ignorá-lo. Depois de um certo tempo, essa voz torna-se um mero ruído de fundo, tipo papo-furado de bêbado. Não dê ouvidos a essas palavras vazias, senão elas ganharão força. Se a voz diz "Você é chata" e você pára para ouvir, sua mão também pára de escrever. E isso reforça e dá mais confiança a seu editor. A voz sabe que o termo *chata* vai paralisar você imediatamente, e então várias vezes você se pegará utilizando essa palavra para se referir ao que escreveu. Quando ouvir "Você é chata", imagine que está ouvindo o som distante de roupa balançando no varal. Logo a roupa secará e alguém, lá de longe, virá recolhê-la. Enquanto isso você continua escrevendo.

Elkton, Minnesota:
tudo o que estiver na sua frente

Entro na sala de aula em Elkton, Minnesota. Início de abril, os campos em volta da escola estão molhados, não foram arados ainda, não receberam as primeiras sementes. O céu é de um cinza profundo. Revelo aos vinte e cinco alunos daquela oitava série que sou judia ao saber que a palavra *rabino* faz parte do exercício de ortografia. Nenhum deles jamais viu um judeu de perto. Percebo que, nos próximos sessenta minutos, tudo o que eu fizer será sinônimo de "judeu". Entrei comendo uma maçã: todos os judeus agora comerão maçã. Conto que nunca morei em cidade pequena: nenhum judeu agora jamais viveu no campo. Um aluno perguntou se eu conhecia alguém que tivesse estado num campo de concentração. E então falamos dos alemães. Muitos deles são de origem germânica.

Todos são muito receptivos e há uma certa vulnerabilidade, profunda e cativante, em seu modo de ser. Sabem de que poço vem a água que bebem; sabem que o seu gato de estimação fugido há dois anos não mais voltará; sabem como é correr com o vento batendo no rosto. Não preciso dar-lhes nenhuma regra de poesia. Eles já moram nesse lugar. Tão próximos das coisas. Então pergunto: "De onde vocês vêm? Quem são? Qual é a sua essência?" Digo-lhes que venho da cidade, mas também conheço aqueles campos. Qualquer um pode estar aqui e, ao mesmo tempo, conhecer as ruas de Nova York. Podemos acolher pedaços de outros seres dentro de nós: "Sou a asa do corvo que partiu e não volta mais."

Essa é, portanto, mais uma maneira de produzir um texto. Não tinha nenhum planejamento antes da aula. Apenas tentei estar presente naquele momento, disposta, sem nada a temer, e a própria situação gerou o assunto. Isso sempre acontece comigo. O truque é manter o coração aberto. Numa escola bem localizada, no centro de Manhattan, por exemplo, talvez eu chegasse armada com mil exercícios de redação na ponta da língua, pois o medo seria maior. Fui criada em Nova York e já ouvi diversas histórias. Seria uma grande perda para todos, principalmente para mim. Quando estou com medo, meu texto torna-se falso e não reflete a realidade. "Mas ali há motivos para temer!" Não é verdade. É apenas uma idéia preconcebida.

Após terminar minha primeira faculdade, em 1970, trabalhei como professora substituta na rede pública de Detroit. Foi logo depois dos violentos conflitos raciais de 1967, e a centelha do movimento *black power* inflamava fortemente o ânimo dos alunos. Recém-chegada à cidade, eu era também muito ingênua. Tudo era novidade para mim, e estava aberta a tudo. Lembro-me de ter sido convocada para substituir um professor de inglês numa escola secundária só para estudantes negros. "Ótimo", pensei. Acabara de me formar em Letras. Peguei meu já puído exemplar de *The Norton Anthology of English Literature* e fui dar minha aula. Ao soar o sinal, todos entraram na classe. "E aí, garota? Que você quer aqui?" Obviamente, aqueles alunos não ficariam obedientemente sentados em seus lugares, mas eu não me importava. Era aula de inglês e eu era apaixonada por literatura. "Agora me ouçam. Quero compartilhar uns poemas com vocês que eu adoro." Li o meu poema favorito, "God's Grandeur", de Gerard Manley Hopkins, que eu costumava declamar em voz alta na faculdade, para desespero das minhas colegas de quarto. E foi com a mesma intensidade que o li para minha classe em Detroit. No final da leitura, eles estavam completamente mudos. Em seguida, um aluno me jogou um livro de poesia de Langston Hughes e pediu que eu o lesse também. E assim passamos cinqüenta minutos lendo em voz alta os poetas negros que os alunos tanto queriam ouvir.

Os escritores, quando escrevem, têm de olhar para as coisas como se fosse sempre a primeira vez que as vissem. Certo dia, um outro professor de Elkton chamou-me de lado e disse: "Repare embaixo das carteiras. O chão está sujo de barro trazido pelos sapatos dos alunos. Isso é um bom sinal. Significa que a primavera chegou." E eu, maravilhada, enxerguei aquilo pela primeira vez.

Como podemos gerar idéias e assuntos para nossos textos? Qualquer coisa que estiver à sua frente já será um bom começo. Depois saia pelas ruas. Você pode ir a qualquer lugar. Conte-me tudo o que sabe. Não importa se você não estudou, ou se não pode provar o que sabe. Conheço os campos de Elkton porque assim estou afirmando e porque quero enveredar-me por eles para sempre. Se "para sempre" significa aquela semana em que você estiver por lá na condição de poeta residente, ou vendedor de tratores, ou viajante a caminho do oeste, não importa. Aproprie-se do que você quiser ao escrever e, depois, deixe para lá.

Não se preocupe com talento ou capacidade: eles virão com a prática. Katagiri Roshi dizia: "A capacidade é como um manancial sob a superfície do solo." Ele não pertence a ninguém, mas todos podem captar sua água. Com esforço, você chegará até a água. Por isso, continue sempre praticando e, quando aprender a confiar em sua voz, direcione-a. Se tem vontade de escrever um romance, escreva um romance. Se prefere escrever um ensaio, ou contos, escreva-os. Você saberá como fazê-lo no decorrer do processo. Pouco a pouco, você vai adquirindo a técnica e o método necessários. Pode confiar.

Quando começam a escrever, as pessoas, de maneira geral, partem de uma carência mental. Estão vazias e correm atrás de cursos e professores na ânsia de aprender a escrever. Só se aprende a escrever escrevendo. Simples assim. Não adianta recorrer a pessoas experientes, achando que elas sabem como fazer isso. Tenho um amigo querido que, por ser obeso, certa vez decidiu começar a fazer exercícios. E o que ele fez? Foi até uma livraria para ver se encontrava um livro sobre ginástica! Ninguém emagrece lendo. Para perder peso você tem que se exercitar.

Uma das piores coisas do ensino público é que ele pega as crianças, que são poetas e contistas natos, e as obriga a ler literatura para depois se afastar dela e então "comentá-la".

O carrinho de mão vermelho
DE WILLIAM CARLOS WILLIAMS

tanta coisa depende
de um

carrinho de mão
vermelho

Esmaltado de água de
chuva

ao lado das galinhas
brancas[4]

"O que o poeta quis dizer com 'carrinho de mão vermelho'? Seria o pôr-do-sol? Seria uma carruagem? E por que ele era 'esmaltado de água de chuva'?" São tantas perguntas. O poeta só quis dizer que era um carrinho de mão, que era vermelho porque era vermelho e que tinha chovido. Tudo depende dele porque o poema nada mais é do que um instante fugaz de iluminação. Naquele momento, o carrinho de mão vermelho, tal como era, despertou Williams e tomou conta de tudo.

Os poemas são ensinados como se o poeta tivesse guardado uma chave secreta em suas palavras e fosse trabalho do leitor encontrá-la. Os poemas não são histórias de detetive. Devemos nos aproximar mais e mais da obra. Aprenda a evocar cada imagem e cada verso da mesma exata maneira que o poeta as empregou. Não abra mão desse calor e dessa energia para falar "sobre" o poema. Aconchegue-se dele. É assim que se aprende a escrever. Fique com a obra original. Fique com seu pensamento original e escreva a partir dele.

4. William Carlos Williams, "O carrinho de mão vermelho", em *Poemas*, seleção, tradução e estudo crítico de José Paulo Paes (São Paulo: Companhia das Letras, 1987, p.77).

Não somos o poema

O problema é pensar que existimos. Achamos que nossas palavras são permanentes, sólidas, capazes de nos representar para todo o sempre. Isso não é verdade. Escrevemos no momento. Muitas vezes, quando leio meus poemas durante uma apresentação, percebo que as pessoas acham que os poemas sou eu. E não são, mesmo quando falo em primeira pessoa. São meus pensamentos, minha mão, meu espaço e minhas emoções naquele determinado momento em que os escrevi. Observe-se. Mudamos a cada minuto. E isso é uma dádiva. A qualquer momento podemos abandonar nossos sentimentos e idéias cristalizadas e começar tudo de novo. A arte de escrever é assim. Em vez de limitar, liberta.

No momento em que colocamos algo no papel – em que expomos o que sentimos pelo marido de tantos anos, pelo sapato velho debaixo da mesa, pelo misto-quente que saboreamos numa manhã nublada em Miami –, estamos finalmente alinhando nossas emoções e nossas palavras. É um momento libertador, pois não temos mais que lutar contra aquilo que está dentro de nós. Já aceitamos nossos sentimentos e, juntos, agora formamos uma coisa só. Tenho um poema, bem longo aliás, intitulado "No Hope" [Sem esperança]. Sempre me lembro dele com alegria, pois, ao me ver capaz de escrever sobre temas como desespero e vazio interior, senti-me novamente cheia de vida e de coragem. Porém, os outros sempre acham que é um poema triste. Tento explicar, mas ninguém me ouve.

É fundamental compreender que nós não somos o poema. As pessoas podem ter as mais diversas reações. Ou então reação nenhuma, no caso de poesia. Não faz mal. O poder está no ato de escrever. Jamais se esqueça disso. Não perca tempo admirando seus poemas. Não caia nessa armadilha. É divertido, mas você logo se cansará de ler, milhões de vezes, aqueles mesmos poemas que o público sempre pede. Escreva bons poemas e desapegue-se deles. Publique-os, leia-os e continue criando.

Lembro-me de Galway Kinnell, na ocasião do lançamento de seu maravilhoso *Book of Nightmares* [O livro dos pesadelos]. Foi numa quinta-feira à tarde, em Ann Arbor. Nunca tinha ouvido falar dele, tampouco sabia pronunciar seu nome. Durante a leitura, ele praticamente cantou aqueles poemas. Eram novidade para ele; estava empolgado e realizado com sua obra. Seis anos depois, novamente assisti a uma leitura do livro na St. John's, em Santa Fé, Novo México. O autor já estava enjoado de tanto ler os mesmos textos durante seis anos consecutivos. Sem disfarçar a pressa, leu um ou outro poema, fechou o livro e perguntou: "Onde é a festa?" Aquilo não lhe oferecia mais perigo. Não havia mais eletricidade no ar.

É muito doloroso acabar engessado por seus poemas, ganhar muita notoriedade por uma obra específica. A vida real está em escrever, não em ler os mesmos textos várias vezes seguidas. É necessário sempre buscar novas idéias, novas imagens. Não temos uma forma sólida e definida. Não há nenhuma verdade permanente que você possa encurralar em um poema que seja capaz de lhe satisfazer para sempre. Não se identifique demais com o que você escreve. Mantenha-se fluido por trás das palavras escritas. Elas não são você. São a representação de um momento especial que passou por você. Um momento que você esteve desperto o bastante para registrar e capturar.

Homem come carro

Muitos anos atrás, soube que saíra uma reportagem no jornal sobre um iogue indiano que comera um carro. Não todo de uma vez, mas de pouquinho em pouquinho ao longo de um ano. Adoro histórias assim. Será que ele engordou muito? Quantos anos ele tinha? Será que tinha todos os dentes da boca? Será que comeu tudo, o carburador, o volante, o rádio? De que marca era o carro? E o óleo, ele bebeu também?

Contei essa história para uma turma de terceira série em Owatonna, Minnesota. As crianças, esparramadas num tapete azul à minha frente, ficaram um pouco confusas e me fizeram a pergunta mais óbvia de todas: "Por que ele comeu o carro?", e completaram: "Argh!" Mas um menino de olhos castanhos e inquietos, que estará sempre em meu coração, simplesmente olhou para mim e caiu na gargalhada. E comecei a rir também. Que coisa genial! Um homem comeu um carro! Desde o início aquilo não tinha a menor lógica. Era absurdo demais.

De certa maneira, é exatamente assim que devemos escrever. Sem perguntar por quê, sem selecionar delicadamente as guloseimas (ou os parafusos), mas devorando tudo com avidez, deixando a mente engolir e depois regurgitar tudo no papel com grande energia. Nada de pensar "devo falar sobre isso, não devo falar sobre aquilo". O ato de escrever é absoluto, incondicional. Não há limites entre o texto, a vida e a mente. Se tivermos imaginação suficiente para aceitar que uma pessoa pode comer um carro, descobriremos que as formigas são elefantes e que os homens são mulheres.

Veremos que todas as formas são transparentes, sobrepostas, e que, assim, não existe separação entre elas.

Metáfora é isso. Não é dizer que uma formiga é *como* um elefante. Pode até ser, já que os dois são seres vivos. Mas não é bem assim. Metáfora significa dizer que a formiga *é* um elefante. Claro que, logicamente falando, sei que há uma diferença. Se alguém colocar um elefante e uma formiga na minha frente, provavelmente saberei distinguir entre os dois. A metáfora, portanto, não tem origem na mente lógica, inteligente. Ela surge da coragem, da vontade de abandonarmos o olhar preconcebido sobre as coisas, de abrir-nos a ponto de finalmente enxergar a unidade da formiga e do elefante.

Mas não se preocupe com as metáforas. Não pense: "Tenho que usar metáforas para parecer poético." Antes de mais nada, não tente ser poético. As metáforas não nascem à força. Se você não acreditar, com todo o seu ser, que a formiga e o elefante são uma coisa só, seu texto soará falso. Se, por outro lado, você acreditar nisso com todo o seu ser, algumas pessoas o julgarão louco. Ainda assim, melhor louco do que falso. Mas como fazer a mente acreditar e criar uma metáfora?

Em primeiro lugar, não "faça" a mente fazer nada. Simplesmente saia do caminho e registre os pensamentos que surgirem. A prática de escrever acalma o coração e a mente, ajuda-nos a manter a flexibilidade para vermos desaparecer aquelas rígidas distinções entre a maçã e o leite, o tigre e o salsão. Podemos passear por luas e dar de cara com ursos. Você dará esses saltos naturalmente se acompanhar seus pensamentos, pois é espontâneo da mente saltar grandes distâncias. Você sabe como é. Por acaso já conseguiu alguma vez seguir um mesmo pensamento por muito tempo? Sempre surge um novo.

Sua mente está saltando, seu texto também saltará, mas não de maneira artificial. Ele refletirá a natureza das primeiras impressões, nossa maneira de ver o mundo quando estamos livres de preconceitos e enxergamos os princípios que existem por trás de tudo. Estamos todos ligados. A metáfora sabe disso e, por essa razão, tem um caráter religioso. Não há separação entre as formigas e os elefantes. Todas as fronteiras se dissolvem, como se estivéssemos olhando através da chuva ou contraindo os olhos ao brilho das luzes da cidade.

Escrever não é preparar um hambúrguer do McDonald's

Às vezes, alguns alunos se destacam, desde o início, do resto da turma. Lembro-me de um em especial. Quando lia seus textos, estava sempre tremendo, e uma certa tensão pairava no ambiente. O processo de escrever rasgou-lhe a alma: ele conseguiu escrever sobre sua internação num hospital psiquiátrico aos catorze anos, suas perambulações pelas ruas de Minneapolis sob o efeito do LSD, a experiência de sentar-se ao lado do cadáver do irmão em São Francisco. Havia anos ele alimentava o desejo de ser escritor. Várias pessoas o incentivavam, mas, sempre que se sentava para escrever, não conseguia ligar as palavras no papel aos acontecimentos ou às suas emoções.

Isso ocorria porque, antes de pegar a caneta, ele já trazia uma idéia daquilo que pretendia dizer. É claro que você pode se sentar para escrever já com uma idéia em mente. Mas então você deve deixar que a forma de expressá-la nasça em você e flua para o papel. Não tente controlar esse processo. Deixe que saia da maneira que tem de sair. É evidente que todas essas experiências, lembranças e emoções já existem dentro de nós. Contudo, não podemos transpô-las diretamente para o papel da maneira como um *pizzaiolo* tira uma pizza do forno diretamente para a mesa.

Desapegue-se de tudo enquanto estiver escrevendo. Tente começar de forma simples, escolhendo palavras simples para expressar o que há dentro de você. Começar nunca é fácil. Permita-se essa estranheza. Você está se desnudando. Está expondo sua vida, não como seu ego gostaria de vê-lo representado, mas como você é como ser humano. É por isso que escrever, para mim, é um ato religioso. Ele o deixa em carne viva e enternece seu coração para o mundo da simplicidade.

Quando me sinto ranzinza, triste, insatisfeita, pessimista, negativa, desanimada, vejo isso como um estado de espírito. Sei que esse estado pode mudar. Sei que isso é energia tentando encontrar um lugar no mundo e querendo amigos.

Sim, você pode querer escrever sobre determinado assunto, como um irmão que morreu em São Francisco, mas deve abordá-lo não com a mente e suas idéias, mas com o corpo inteiro – o coração, as entranhas, os braços. Comece a escrever como um animal que urra de dor, de maneira rude e desajeitada. Só então você encontrará sua inteligência, suas palavras, sua voz.

As pessoas costumam dizer: "Eu estava na rua [ou no trânsito, na feira, na academia de ginástica] e de repente me veio um poema inteiro à cabeça; porém, quando me sentei e tentei escrevê-lo, não saiu como eu queria." Comigo também é assim. Sentar-se para escrever é uma outra ação. Esqueça aquele momento na rua ou na feira, esqueça o poema que nasceu em sua mente naquela ocasião. Agora é outro momento. Escreva um outro poema. No fundo, você pode até desejar que um resquício daquele poema anterior venha à tona novamente, mas deixe que ele venha como tiver de vir. Não o force.

Aquele mesmo aluno que mencionei no início do capítulo estava tão entusiasmado que logo tentou escrever um livro inteiro. Aconselhei-o: "Vá com calma. Escreva sem compromisso. Aprenda do que se trata isso." Escrever é coisa para a vida inteira e envolve muita prática. Eu compreendia a urgência dele. Precisamos acreditar que estamos fazendo algo útil, chegando a algum lugar, alcançando um objetivo – "Estou escrevendo um livro".

Dê-se um tempo antes de partir para escrever livros volumosos. Aprenda a confiar no poder da sua própria voz. Pouco a pouco, brotará a necessidade de dar a ela uma direção, mas virá de um lugar diferente da necessidade de querer conquistar algo a qualquer custo. Escrever não é preparar um hambúrguer do McDonald's. O cozimento é lento. Além disso, no início, você não sabe ao certo se o resultado será uma carne assada, um banquete ou uma costela de carneiro.

Obsessões

De tempos em tempos, faço uma lista das minhas obsessões. Algumas mudam. Novas se agregam às antigas. Outras felizmente desaparecem.

Os escritores acabam invariavelmente falando de suas obsessões. Coisas que os assombram, que não conseguem esquecer. Histórias que trazem dentro de si na esperança de um dia revelá-las ao mundo.

Nas minhas oficinas de redação, peço aos participantes que organizem uma lista de suas obsessões, para que possam descobrir em quais assuntos, consciente ou inconscientemente, passam horas pensando. Depois de colocá-los no papel, finalmente podemos dar-lhes uma boa utilidade – temos uma lista de temas para usar em nossos textos. Essas obsessões são realmente muito poderosas. São histórias às quais recorreremos ainda infinitas vezes. A partir dessas imagens, criaremos outras e outras e outras. Portanto, o que nos resta a fazer é aceitá-las. Querendo ou não, elas já dominam nossa vida. O melhor então é fazê-las trabalhar a nosso favor.

Uma das minhas obsessões é minha família judia. De vez em quando, resolvo que já falei tudo o que tinha de falar sobre eles. Não quero parecer uma filhinha da mamãe. Há outros assuntos no mundo além desse. É evidente que há outros tópicos e que estes surgirão naturalmente, mas, sempre que tomo a decisão de não mais escrever sobre a minha família, o simples fato de reprimir isso dentro de mim me faz reprimir todo o resto. E isso ocorre porque estou gastando energia demais tentando evitar algo.

Quando decido fazer dieta, é exatamente igual. Tão logo tomo essa decisão, a comida torna-se meu único objetivo no mundo. Passear de carro, dar uma volta no quarteirão, escrever em meu diário – todas essas atividades passam a ser subterfúgios para evitar aquilo que, repentinamente, é meu maior objeto de desejo. Prefiro reservar um espaço à comida e à fome na minha vida, mas de maneira amigável, para que eu não sinta aquela vontade destrutiva de devorar uma dúzia de biscoitos de uma vez só.

É a mesma coisa quando escrevo sobre a minha família. Se lhes dou algumas páginas, eles logo se recolhem a seus lugares no meu Panteão das Obsessões e deixam-me livre para escrever sobre outros assuntos. Mas, se os ignoro, aparecem de surpresa em todo poema sobre toda cidadezinha perdida que eu escrevo – até a dona-de-casa numa fazenda de Iowa começa a parecer que está prestes a fazer *blinis* para os filhos. Certa vez, um ex-alcoólico me disse que, nas festas, os alcoólicos sempre sabem onde está a bebida e a quantidade de bebida disponível, sabem quanto já beberam e como conseguir o próximo drinque. Nunca gostei muito de beber, mas sempre fui viciada em chocolate. Depois de conhecer o comportamento dos alcoólicos, comecei a me observar. No dia seguinte fui visitar um amigo. O seu colega de quarto estava fazendo *brownies*. Havíamos combinado de ir ao cinema e teríamos de sair antes de a primeira fornada ficar pronta. Notei que passei a sessão inteira sutilmente pensando naqueles *brownies*. Não via a hora de voltar para casa dele só para comer aqueles benditos biscoitos. Na saída do cinema, encontramos uns amigos que nos convidaram para bater papo em algum lugar. Percebi que estava entrando em pânico: queria aqueles *brownies*! Na mesma hora, inventei uma desculpa para passarmos na casa do meu amigo antes de continuarmos nosso programa.

Somos dominados por nossas compulsões. Talvez seja só comigo, mas tenho a impressão de que as obsessões têm muito poder. Tire proveito desse poder. Sei que muitos de meus amigos escritores são obcecados por escrever. É semelhante ao chocolate. Quando estamos fazendo qualquer outra coisa, sempre achamos que devíamos estar escrevendo. Não há graça nenhuma nisso. Vida de artista não é fácil. Você só se sente verdadeiramente livre no momento em que está exercitando sua arte. Ainda assim, acredito que fazer arte é melhor do que encher a cara ou se empanturrar de chocolate. Sempre achei que os escritores alcoólatras bebem tanto justamente porque não estão escrevendo ou têm dificuldade para escrever. Não bebem porque são escritores, mas porque são escritores que não estão escrevendo.

Há liberdade em ser escritor e poder escrever. Isso é cumprir sua função. Antigamente eu pensava que liberdade era poder fazer o que eu queria. Hoje sei que liberdade é conhecer a si mesmo, saber o seu papel aqui na Terra e realizá-lo. E não se perder no caminho, achando que não deve mais escrever sobre sua família judia quando este é exatamente o seu papel: registrar a história de seus familiares; sua passagem pelo Brooklyn, por Long Island, por Miami Beach; a primeira geração dos Goldbergs nascida na América. Antes que tudo se acabe.

Katagiri Roshi diz: "Os artistas sofrem muito, coitados. Terminam uma obra-prima e mesmo assim não estão satisfeitos. Querem logo fazer outra." Concordo, mas é melhor partir logo para outra, se você tem essa necessidade, do que começar a beber e virar alcoólatra, ou comer meio quilo de chocolate e virar um elefante.

Talvez nem todas as obsessões sejam negativas. Ser obcecado pela paz é maravilhoso. Mas então seja realmente pacífico. Aja em vez de apenas pensar. É ótimo ser obcecado por escrever. Mas então escreva alguma coisa. Não deixe esse impulso desviar-se para a bebida. Obsessão por chocolate também não é bom. Eu sei disso. Não é saudável e, ao contrário do anseio de paz e de escrever, não contribui para um mundo melhor.

Carolyn Forché – ganhadora do Prêmio Lamont de poesia pelo livro *The Country between Us* [O país entre nós], sobre El Salvador – disse o seguinte: "Para escrever sobre política, é preciso mudar suas obsessões mais recônditas." Faz sentido. Não escreva sobre política só porque *pensa* que é sobre isso que você deveria escrever. As rimas assim serão pobres. É preciso interessar-se por política, ler sobre política, falar de política, sem se preocupar com os benefícios disso para o escrever. Por fim, quando esse assunto se tornar uma obsessão, você naturalmente escreverá sobre ele.

Detalhe original

Apesar de curto, este é um capítulo importante. *Use detalhes originais em seu texto*. A vida é tão rica. Se conseguir registrar como as coisas são ou foram com detalhes reais, quase nada mais faltará. Mesmo que transplante o vitrô bisotado, o anúncio de cerveja giratório, a prateleira de salgadinhos e as banquetas vermelhas de um determinado bar em Nova York para outro cenário, numa outra cidade e num outro tempo, a história ainda terá fundamento e autenticidade. "Mas aquele bar ficava em Long Island, não posso colocá-lo em Nova York." Pode, sim. Não precisamos ser tão rígidos com relação aos detalhes originais. Porém, embora a imaginação seja capaz de fazer as transposições necessárias, é sempre interessante usar detalhes que realmente conhecemos ou vimos, para garantir mais credibilidade e verossimilhança ao texto. Temos assim uma base sólida sobre a qual construir a história.

Evidentemente, se você acabou de voltar do verão calorento de Nova Orleans – onde saboreou uma suculenta lagosta no Bar Magnolia, na St. Charles Avenue –, não poderá utilizar esses mesmos detalhes para descrever aquele marmanjo bronco que está bebendo num bar em Cleveland, numa noite de inverno. Não vai funcionar, exceto se pretende introduzir uma atmosfera de surrealismo, onde os limites deixam de ser definidos.

Esteja atento aos detalhes à sua volta, mas não fique muito ansioso. "Pois bem, estou aqui no casamento. A noiva está usando um vestido azul. O noivo tem um cravo vermelho na lapela. Estão servindo fígado fatiado de aperitivo." Relaxe e aproveite a festa. Esteja ali de coração aberto. Pouco a pouco, você registrará as características daquele ambiente e, mais tarde, já sentado à sua escrivaninha, se lembrará do momento em que dançou com a mãe da noiva, de seu cabelo ruivo, do dente borrado de batom que ela mostrava ao sorrir, do seu cheiro de perfume misturado com suor.

O PODER DO DETALHE

Estou na Costa's Chocolate Shop, em Owatonna, Minnesota. Minha amiga está sentada à minha frente. Acabamos de comer uma salada. Faz meia hora que estamos escrevendo em nossos cadernos, em meio a copos de água, uma coca-cola pela metade e uma xícara de café com leite. Os móveis são cor-de-laranja. No balcão central, há uma vitrine com fileiras de caramelos cobertos com chocolate. Do outro lado da rua fica o Owatonna Bank, projetado por Louis Sullivan, professor de Frank Lloyd Wright. No interior do banco, há um imenso mural com uma vaca estampada, além de belíssimos vitrais.

Nossa vida é, ao mesmo tempo, banal e mítica. Vivemos e morremos, envelhecemos com a pele bonita ou cheia de rugas. Levantamos pela manhã, compramos queijo e esperamos ter dinheiro para pagar a conta. Ao mesmo tempo, somos dotados de um coração maravilhoso, que insiste em bater mesmo diante de todo o sofrimento e de toda a penúria que enfrentamos durante nossa jornada na Terra. Somos importantes, nossa vida é importante. Magnífica, eu diria. E todos os detalhes de nossa existência merecem ser registrados. É assim que os escritores devem pensar, e é esse pensamento que devemos ter em mente quando pegamos papel e caneta para escrever. Estamos aqui. Somos seres humanos. É assim que vivemos. Externemos essas impressões; mostremos as marcas que o mundo deixa em nós. Nossos detalhes têm importância. Caso contrário, podemos soltar uma bomba que não fará nenhuma diferença.

O Yad Vashem, museu construído em memória ao Holocausto, fica em Jerusalém. Ele abriga uma biblioteca completa com os nomes dos seis milhões de mártires judeus. O acervo não cataloga apenas os nomes, mas também relaciona onde cada um nasceu, onde morou, tudo o que se conseguiu saber sobre eles. Aquelas pessoas existiram, e sua existência teve importância. *Yad Vashem*, na verdade, significa "memorial ao nome". As vítimas do genocídio não foram uma massa indistinta e anônima. Foram seres humanos.

Do mesmo modo, em Washington, há o Memorial do Vietnã. Ele registra cinqüenta mil nomes – e sobrenomes – de soldados americanos que pereceram no Vietnã. Pessoas de carne e osso, com seus nomes e sua história, foram mortas naquela guerra. Não respiram mais o mesmo ar que nós. Naquela lista encontrei o nome de Donald Miller, que estudou comigo na segunda série e gostava de desenhar, nas margens de seu caderno de matemática, tanques, soldados e navios. Os nomes trazem lembranças. Nosso nome nos acompanha durante a vida inteira. É ele que ouvimos na chamada da escola, na entrega dos diplomas na formatura, num sussurro no meio da noite.

É importante dizer o nome de quem somos, o nome dos locais em que vivemos, e registrar os detalhes de nossa vida. "Eu morava na Coal Street, em Albuquerque, ao lado de uma oficina mecânica, e estava caminhando pela Lead Avenue com sacolas de papel cheias de compras nos braços. No início daquela primavera, alguém havia plantado beterraba por ali, e eu gostava de observar aquelas folhas verde-avermelhadas, crescendo dia após dia."

Temos uma vida; os momentos que vivemos são importantes. Ser escritor é ser o portador dos detalhes que fazem parte da nossa história, é reparar na mobília cor-de-laranja da lanchonete em Owatonna.

Registrar os detalhes de nossa vida é uma maneira de protestar contra o poder de destruição em massa das bombas, contra a pressa, contra a exigência da eficiência em tudo. O escritor deve dizer "sim" à vida e a tudo o que a vida tem: os copos d'água, o açucareiro sem tampa, o *ketchup* em cima do balcão. Não é tarefa do escritor dizer: "Acho burrice morar numa cidade pequena, ou comer qualquer coisa num café quando se pode comer comida macrobiótica em casa." Nossa missão é dizer um "sim" sagrado às verdadeiras coisas da vida, à verdade que nos rodeia: os quilos a mais; o clima frio e cinzento lá fora; a vitrine enfeitada para o Natal; a escritora judia na lanchonete cor-de-laranja, com sua amiga loira que é mãe de filhos negros. Como escritores, devemos ser capazes de aceitar as coisas como elas são, amar os detalhes, trazer sempre um "sim" nos lábios, para que não haja mais tantos "nãos" no mundo a atalhar nossa vida e a impedir a existência dos detalhes.

Assando o bolo

Quando preparamos um bolo, temos uma lista de ingredientes: açúcar, farinha, manteiga, fermento, ovos, leite. Podemos misturar tudo na batedeira, mas ainda não é um bolo. É só uma massa. É preciso colocá-la no forno para que, com o calor, a massa se transforme em bolo. Quando este ficar pronto, não conseguiremos distinguir cada ingrediente separadamente. É muito semelhante ao que aconteceu com aqueles pais e mães dos anos sessenta, que não reconheciam mais seus filhos naqueles jovens *hippies*. O leite e a farinha olham para a broa e dizem: "Não é nossa." Não é nem leite nem farinha: é uma moça, com título de Ph.D., filha de pais refugiados, estrangeira em sua própria casa.

De certo modo, escrever também é assim. Os ingredientes estão todos aí, são os detalhes de nossa vida, mas não basta listá-los: "Nasci no Brooklyn. Tenho um pai e uma mãe. Sou mulher." Temos de adicionar a eles o calor e a energia de nosso coração. Aquele não é um pai qualquer; é o seu pai. Um homem que fumava charutos e cobria o bife de *ketchup*. Aquele a quem você amava e odiava. Não podemos simplesmente misturar os ingredientes numa tigela – eles não têm vida. Devemos nos unir aos detalhes, no amor ou no ódio. Fazer deles uma extensão de nosso corpo. Nabokov diz: "Acaricie os detalhes divinos." Ele não diz "pegue-os de qualquer jeito". *Acaricie-os*, toque-os com delicadeza. Importe-se com o que está a seu redor. Se está escrevendo sobre um rio, deixe que todo o seu corpo toque aquele rio, de modo que, se o descrever como um rio amarelo, um rio idiota, um rio calmo, todo o seu ser esteja sentindo a mesma coisa. Quando estamos verdadeiramente envolvidos, nosso ser não se divide. Katagiri Roshi dizia: "Quando pratica zazen [meditação sentada], você deve estar ausente. Assim, quem pratica o *zazen* é o *zazen*. Não é o Steve ou a Barbara." É exatamente assim que devemos pensar com relação à escrita: quem escreve o texto é o texto. Nós desaparecemos. Estamos ali apenas para registrar os pensamentos que passam através de nós.

O bolo está assando no forno. Todo aquele calor se direciona para a preparação do bolo. O calor não se distrai, pensando: "Mas eu queria que fosse um bolo de chocolate, não uma broa." O mesmo ocorre conosco. Quando escrevemos, não pensamos: "Ah, não gosto da minha vida. Queria ter nascido em Illinois." Simplesmente não pensamos. Aceitamos a realidade e assim a colocamos no papel. Segundo Katagiri Roshi: "A literatura mostra como a vida é, mas não mostra como sair dela."

Às vezes, o forno pode não querer colaborar. Por essa razão, talvez seja preciso descobrir maneiras alternativas para acendê-lo. Estabelecer horários pode criar uma certa pressão, o que ajuda a aquecer as coisas e a driblar o censor interno. Além disso, manter a mão em constante movimento faz o calor aumentar, e um delicioso bolo pode sair dessa mistura dos detalhes cotidianos da sua vida. Se ficar olhando para o relógio o tempo todo enquanto escreve, diga a si mesmo que vai continuar escrevendo até preencher três (ou quatro, ou cinco) páginas, frente e verso, ou até que o bolo fique pronto, não importa quanto tempo demore. E, quando o calor começa, não é possível saber se o resultado será um manjar dos deuses ou uma gororoba dos diabos. Não há nenhuma garantia. Mas não se preocupe; as duas coisas são boas de comer.

Há pessoas que tentam fazer bolo somente com o calor do forno, sem nenhum ingrediente. O calor é acolhedor e prazeroso, mas, no final, não haverá nada para comer. É assim também com o texto abstrato: temos a sensação de que há muito calor ali, mas não conseguimos abocanhar nada. Se usamos os detalhes, conseguimos transmitir melhor a nossa alegria ou o nosso sofrimento. Portanto, enquanto espera o forno aquecer, despeje a massa na assadeira, para que saibamos exatamente quais sentimentos serviram de ingrediente e, assim, possamos apreciá-los com antecipação: "Ah, é uma broa, um *brownie*, um delicado suflê de limão." Descobriremos quais são seus sentimentos. Não vale dizer apenas: "Foi maravilhoso!" Sim, mas maravilhoso como? Deixe-nos provar esse sabor. Em outras palavras, use detalhes. Eles são a unidade básica do texto.

Quando usa os detalhes, você não está só assando bolos e zanzando em volta do forno. Está olhando o mundo de frente. E esse é um ato profundamente político, pois você não está apenas buscando se aquecer no calor de suas próprias emoções. Está oferecendo um pão nutritivo e saboroso a quem tem fome.

Viver duas vezes

Os escritores vivem duas vezes. Por um lado, têm uma vida normal: são tão apressados quanto qualquer outra pessoa na fila do supermercado, ao atravessar a rua, ao se arrumar para o trabalho. Por outro lado, também exercitam uma outra parte deles: a parte que os faz viver tudo duas vezes; que os faz parar, olhar de novo para sua vida e repensá-la; que os faz contemplar as texturas e os detalhes.

Durante uma tempestade, todos saem correndo pela rua, cobrindo a cabeça com o guarda-chuva, a capa impermeável ou o jornal. Já os escritores saem na chuva de caderno e caneta na mão. Observam as poças d'água, vêem-nas se encherem de água, vêem as gotas de chuva respingando nelas. Podemos dizer que os escritores treinam para ser bobos. Só um bobo sairia na chuva para observar uma poça d'água. Os espertos se protegem da chuva para não se resfriar e têm plano de saúde para o caso de ficarem doentes. Já os bobos estão mais interessados na poça d'água do que na segurança, no plano de saúde ou no horário de trabalho.

Estão mais interessados, enfim, em reviver a vida ao escreverem do que em ganhar dinheiro. Vamos esclarecer o seguinte: os escritores gostam de dinheiro, sim; ao contrário do que diz a crença popular, os artistas gostam de comer. Só que o dinheiro não é a principal motivação. Sinto-me riquíssima quando tenho tempo para escrever e paupérrima quando recebo regularmente meu contracheque mas não tenho tempo de me ocupar do meu trabalho de verdade. Pense nisso. Os empregadores pagam salários em troca de tempo. É esse o bem mais valioso que o ser humano pode negociar. Trocamos nosso tempo por dinheiro. Os escritores preferem ficar com o primeiro – o tempo – e reconhecem seu valor mesmo antes de receber dinheiro em troca. Agarram-se a seu tempo e não têm pressa de vendê-lo. É como receber terras em herança. A vida inteira elas pertenceram à sua família, até que chega alguém interessado em comprá-las. Os escritores, se usarem a cabeça, não venderão toda a propriedade. Sabem que, com o dinheiro, até poderão comprar um segundo carro, mas não terão mais um lugar para ir, sentar-se em silêncio, sonhar.

Por isso, se você quiser ser escritor, é bom ser um pouco bobo. Dentro de você, tem alguém vagaroso que precisa de tempo – e o impedirá de vendê-lo todo de uma vez. Esse alguém quer um lugar para ficar; quer olhar as poças d'água na chuva (geralmente sem chapéu) e quer sentir as gotas molhando sua cabeça.

Escrever para manter a forma

O que as pessoas não percebem é que escrever é um ato físico. Não envolve apenas o pensamento. Trabalha visão, olfato, paladar, sensações – tudo o que está vivo e ativo. A regra de "manter a mão em movimento", sem parar, é, na verdade, uma maneira de vencer através do corpo as resistências mentais e romper o conceito de que escrever é uma tarefa puramente intelectual. O escritor mantém contato físico com a caneta, e sua mão, ligada ao braço, registra as impressões fornecidas pelos sentidos. Não há separação entre mente e corpo; assim, através do próprio ato físico de escrever, é possível derrubar os obstáculos mentais que dificultam o ato de escrever. Do mesmo modo que é possível fazer a mente acreditar que sua mão não se deterá ao tocar a madeira e você conseguirá quebrar a tábua com um golpe de caratê.

Depois de uma aula de redação, um aluno meu exclamou, maravilhado: "Agora entendi! A escrita é uma arte visual!" Sim, e também é cinestésica, visceral. Certa vez, disse a meus alunos da quarta série que minha mão que escreve poderia derrubar o Muhammad Ali. E eles acreditaram, porque sabem que é verdade. Já os da sexta série são mais velhos e mais céticos. Para convencê-los, tive de amassar, com um soco, um desses armários de aço.

Ao observar as pessoas escrevendo, sou capaz de distinguir, pela postura física, se conseguiram ou não vencer as barreiras da resistência. Quando conseguem, o maxilar fica solto, distenso; e o coração bate acelerado ou dolorido. A respiração é profunda. A caligrafia torna-se mais expansiva, mais generosa. O corpo, de tão relaxado, poderia correr dezenas de quilômetros. É por isso que digo que, independentemente de serem gordos, magros ou flácidos, os escritores estão sempre em forma, pois estão sempre se exercitando. Lembre-se disso. Eles estão sempre sintonizados, tonificados, em ritmo com as colinas e estradas, prontos a percorrer longas distâncias e milhas e milhas de papel. Circulam por vários mundos diferentes com a mesma graça de movimentos.

Na verdade, o que os escritores transmitem não são exatamente suas palavras. Eles nos oferecem o fôlego de seus momentos de inspiração. Quando lemos um grande poema em voz alta – por exemplo, "A uma Cotovia", de Percy Bysshe Shelley – e, durante a leitura, obedecemos ao ritmo e à pontuação dados pelo poeta, estamos absorvendo o alento inspirado pelo autor no momento em que escreveu o poema. De tão poderoso, esse alento ainda pode ser revivido em nós, mais de 150 anos depois. É maravilhosa a sensação de respirá-lo. Por isso, sempre é bom lembrar: para se embriagar, não beba uísque. Leia Shakespeare, Tennyson, Keats, Neruda, Hopkins ou Whitman em voz alta e deixe o corpo cantar.

Ouvir

Aos seis anos de idade, estava eu sentada ao piano na casa de meus tios, no Brooklyn, brincando de pianista e cantarolando: "In the gloaming, oh my darling (...)." Minha prima, que era nove anos mais velha, sentou-se ao meu lado na banqueta e berrou à minha mãe: "Tia Sylvia, a Natalie não tem ouvido musical. Ela não sabe cantar!" Desde então, nunca mais cantei e quase nunca ouvi música. Quando escutava as canções dos musicais da Broadway no rádio, apenas decorava as palavras, sem jamais tentar imitar a melodia. Quando cresci um pouco mais, minhas amigas e eu costumávamos brincar de "qual é a música". Eu começava a murmurar algumas notas e elas logo caíam na risada, incapazes de acreditar que eu realmente estivesse cantarolando "Younger than Springtime", do musical *South Pacific*. Era minha maneira de chamar a atenção das pessoas, embora meu jovem coração secretamente alimentasse o sonho de ser Gypsy Rose Lee. Afinal, eu sabia a letra de todas as canções. Para todos os efeitos, porém, o mundo da música não era para mim. Eu não tinha ouvido musical: tinha uma espécie de defeito físico, como se fosse aleijada de um pé ou de um dedo.

Muitos anos atrás, participei de uma aula de canto com um mestre sufi, que me disse que a desafinação não existe. "Cantar é noventa por cento ouvir. Você tem de aprender a ouvir." Quando ouvimos algo com atenção, nosso corpo é invadido pela música; assim, ao abrirmos a boca, a melodia sai automaticamente. Algumas semanas depois, pela primeira vez na vida, cantei junto com um amigo em completa afinação e tive certeza de que estava iluminada. Minha voz individual desaparecera e nossas duas vozes fundiram-se em uníssono.

Escrever também é noventa por cento ouvir. Ouvimos o mundo ao nosso redor com tanta intensidade que somos tomados por ele; então, quando escrevemos, ele jorra de nós. Se você for capaz de capturar a realidade lá fora, seu texto não precisará de mais nada. Não se trata apenas de escutar o interlocutor do outro lado da mesa, mas sim de ouvir, ao mesmo tempo, o som do ar, da cadeira, da porta. E ir além da porta. Absorva a voz das estações do ano, a voz das cores entrando pelas janelas. Ouça o passado, o futuro e o presente no lugar onde você está. Faça isso com o corpo todo, não somente com os ouvidos. Ouça com as mãos, com o rosto. Ouça com a nuca.

Audição é receptividade. Quanto mais profundamente você ouvir, melhor você vai escrever. Quando assimilamos as coisas como são, sem julgá-las, podemos, no dia seguinte, escrever sobre como elas são de verdade. Ao listar os elementos essenciais da prosa, Jack Kerouac incluiu: "Seja submisso a tudo, receptivo, atento." E também: "O tempo da poesia não é outro senão agora." Se você captar a maneira de ser das coisas, terá toda a poesia de que precisa.

Certa vez, durante uma reunião na Fundação Lama, o rabino Zalman Schachter contou a um grupo de pessoas que, na escola rabínica que freqüentou, os alunos eram proibidos de tomar notas. Só podiam ouvir; e, no final da aula, deveriam saber toda a matéria. A idéia é de que somos capazes de nos lembrar de tudo. Por opção própria, treinamos a mente para suprimir certas coisas.

Depois de uma leitura em sala de aula, costumo sugerir a meus alunos um exercício de "recapitulação": "Repitam, o mais próximo possível das exatas palavras escritas ou recitadas, os trechos que mais lhes chamaram a atenção. Não tentem se afastar, dizendo: 'Gostei quando ela falou dos campos da fazenda.' Apresentem os detalhes exatos: 'No meio da plantação, estava mais solitária que um corvo.'" Além de criar abertura e receptividade ao que foi dito, esse exercício de ouvir, quando realizado de forma profunda e isenta de julgamento, desperta imagens e histórias adormecidas dentro de nós. Ouvindo dessa maneira, você se torna um espelho capaz de refletir a realidade – a sua realidade e a realidade ao seu redor.

Se você pretende ser um bom escritor, deve fazer basicamente três coisas: ler bastante, ouvir com atenção e profundidade e escrever bastante. E não pense demais. Apenas se deixe envolver pelo calor das palavras e dos sons e pelas sensações multicoloridas enquanto a caneta ziguezagueia pelo papel.

Se lermos bons livros, bons livros sairão de nós quando escrevermos. Talvez não seja assim tão fácil; porém, quem quer aprender alguma coisa deve ir até a fonte. É de Basho, ilustre mestre do haiku do século XVII, a seguinte afirmação: "Se quiser conhecer uma árvore, vá até a árvore." Se quiser conhecer poesia, leia poesia, ouça poesia. Deixe que esses padrões e formas se imprimam em seu ser. Não se afaste da poesia para analisar um poema com espírito lógico. Entre na poesia de corpo inteiro. Dogen, grande mestre do Zen, disse: "Se andar no nevoeiro, você vai ficar molhado." Portanto, simplesmente ouça, leia e escreva. Pouco a pouco, você há de aproximar-se do que lhe compete dizer e será então capaz de expressá-lo com sua própria voz.

Seja paciente e não se preocupe. Siga cantando e escrevendo sem perder o tom.

NÃO SE CASE COM A MOSCA

Preste atenção na próxima vez em que ouvir a leitura de algum texto. Haverá instantes em que sua mente devaneará. Muitas vezes, ao final da leitura, respondemos com comentários do tipo "Não sei, acho que se aprofundou demais" ou "Acabei me perdendo com tantas descrições". Geralmente, o problema não está no leitor, mas no texto.

O que ocorre nesses momentos é que o escritor se volta para si mesmo, se deixa absorver pelo prazer de seus próprios pensamentos, perdendo o rumo da história. Ele está discorrendo, por exemplo, sobre uma situação num restaurante e fica obcecado pela mosca que pousou no guardanapo. Então, passa a descrever, com todas as minúcias possíveis, o dorso da mosca, os sonhos da mosca, a sua infância, a sua técnica para atravessar as telas das janelas. O ouvinte ou leitor fica confuso, pois, logo antes disso, o garçom havia se dirigido à mesa e todos estão esperando que ele sirva a comida. Pode ser também que o autor não tenha clareza quanto à direção que pretende seguir ou não esteja em contato direto com seu material. Isso cria um borrão no texto. Essa zona nebulosa distrai a atenção do leitor, pois cria uma pequena lacuna, fazendo com que sua mente vagueie para longe.

Um dos propósitos da literatura é manter as pessoas despertas, conscientes, vivas. Se o autor divaga, conseqüentemente o leitor também divagará. A mosca na mesa pode ser um componente necessário para a descrição do restaurante como um todo. Talvez seja interessante retratar, com certa exatidão, o sanduíche sobre o qual o inseto pousou, mas há uma linha tênue entre a precisão e o exagero.

Fique, pois, do lado da precisão. Esteja ciente de seus objetivos e não se afaste deles. Se sua mente ou seu texto divagarem, traga-os gentilmente de volta. Quando escrevemos, vários caminhos se abrem dentro de nós. Não se embrenhe muito a fundo. Cuide dos detalhes e mantenha sua direção. Não se permita ficar absorto, pois isso acaba rendendo um texto vago, obscuro. Podemos até chegar a conhecer a mosca, mas não nos esquecer de onde estamos: o restaurante, a chuva lá fora, o amigo do outro lado da mesa. A mosca é importante, mas ela tem seu lugar. Não a ignore, mas também não fique obcecado por ela. No prefácio da coletânea *Jewish American Stories* [Histórias judaico-americanas], Irving Howe afirmou que a arte, para ser boa, deve apenas *beirar* a sentimentalidade, sem nela cair. Aceite a mosca, ame-a talvez, mas não se case com ela.

Não escreva em troca de afeto

Cerca de cinco anos atrás, uma amiga minha foi assaltada na região do Lower East Side, em Manhattan. Mais tarde, ela contou-me que, naquele momento, sua reação imediata foi levantar os braços e gritar: "Não me mate, sou escritora!" "Que estranho", pensei eu. "Por que será que ela achou que isso poderia salvá-la?"

Os escritores se confundem. Acreditamos que escrever é uma justificativa para nossa existência. Esquecemos que viver é algo incondicional e que a vida e a atividade de escrever são duas entidades distintas. Freqüentemente, usamos o que escrevemos para angariar notoriedade, atenção, afeto. "Olha só o que eu escrevi. Devo ser uma boa pessoa." Todos *somos* pessoas boas mesmo antes de escrever qualquer coisa.

Alguns anos atrás, sempre depois de alguma leitura pública, eu me sentia muito mal e muito sozinha, por mais que as pessoas demonstrassem ter gostado de meu trabalho. Eu culpava o texto. Mas o problema não era esse. Eu estava enfrentando um processo de divórcio, com a auto-estima em baixa. Quem precisava de apoio era *eu* – não os meus poemas. Confundi as duas coisas. Esqueci que eu não sou o poema. Os poemas estavam com a saúde em dia, eu não. Quem precisava de cuidado era eu. Dali em diante, passei a convidar um amigo para ser meu "acompanhante" durante esses eventos. Pedia a ele que, assim que eu acabasse a leitura, viesse até mim, me abraçasse, dissesse que eu estava linda e era uma pessoa maravilhosa. Não interessava se a apresentação havia sido um fracasso completo. Só queria ouvir um elogio. Passada uma semana, eu analisaria meu desempenho com atenção. Mas, naquela noite, "diga que sou incrível".

Nós, escritores, estamos sempre buscando apoio. Em primeiro lugar, devemos perceber que já temos esse apoio em todos os momentos da vida. Temos a terra que sustenta nossos pés; temos o ar que enche e esvazia nossos pulmões. Devemos partir dessa premissa quando sentirmos necessidade de apoio. Temos a luz do sol que entra pela janela; temos o silêncio das manhãs. Comece por aí. Depois, olhe para uma amiga e sinta o prazer de ouvi-la dizer: "Adoro seu trabalho." Acredite nela assim como acredita que o chão o sustentará, que a cadeira o apoiará quando você se sentar.

Certa vez, uma aluna pediu-me que lesse dois contos seus. Na semana seguinte, reunimo-nos por uma hora para discutir os textos. Fazia um ano e meio que não trabalhávamos juntas e seu progresso realmente me impressionou. "Seus contos são bem-acabados, comoventes, belíssimos", disse-lhe eu. Depois de vinte minutos de conversa, notei que ela estava ficando zangada. "Acho que você está exigindo demais de mim", afirmou. Porém, o que de fato ela estava dizendo era: "Você não fez a sua parte. Não dissecou meu trabalho a fundo. Não vim aqui para ouvir elogios. Esses contos não podem ser assim tão bons. É exagero seu." "Acredite em mim. Seu trabalho está excelente. Está pronto para ser publicado", argumentei. Sugeri que ela oferecesse o material às editoras. Em menos de um mês, um dos contos foi selecionado por uma revista de renome. Além de remunerá-la, disseram-lhe que, embora tivessem recentemente decidido não publicar mais contos, "seu trabalho era tão bom que mudaram de idéia".

Todos queremos receber apoio e incentivo sinceros. Quando conseguimos, não lhes damos crédito. Por outro lado, não hesitamos em aceitar críticas que só reforçam a crença, já tão arraigada em nós, de que não somos capazes de escrever nada de bom, não somos escritores de verdade. Meu ex-marido costumava brincar comigo: "Como você está feia! Ah, aproveitando que consegui sua atenção (...)." Na sua opinião, eu o ignorava toda vez que ele me fazia elogios. Porém, quando o comentário era negativo, eu reagia na hora.

Meus alunos costumam dizer: "Não vale, você é a professora. Tem de falar algo positivo." Os amigos dizem: "Não vale, você é minha amiga, gosta de mim de qualquer maneira." *Pare!* Definitivamente pare quando alguém o elogiar. Mesmo que seja doloroso e você não esteja acostumado. Apenas respire fundo, ouça e absorva o que está sendo dito. *Sinta* esse prazer. Aprenda a aceitar um elogio positivo e sincero.

Quais são seus sonhos mais íntimos?

Perguntei a meu grupo de domingo à noite (do qual muitos participantes já estavam engajados na prática de escrever havia três anos): "Aonde vocês querem chegar escrevendo? São donos de uma voz potente e criativa e capazes de separar o criador do editor. O que pretendem fazer com tudo isso?"

Chega um momento em que é preciso dar forma e direção àquela força que adquirimos durante o processo de aprendizado. Indaguei-lhes o seguinte: "Quais são os seus sonhos mais íntimos? Escrevam por cinco minutos." Muitos de nós não sabem, não reconhecem, evitam suas aspirações mais recônditas. Quando escrevemos por cinco, dez minutos seguidos, somos forçados a expressar aqueles desejos que orbitam em nossa mente e aos quais não prestamos atenção. É a oportunidade que temos para registrar, sem racionalização, os anseios que habitam a periferia de nossas percepções.

Releia o que foi escrito. Comece a levar seus sonhos e desejos a sério. Se você não tem certeza do que deseja, se sinceramente não sabe o que quer fazer, então comece a desejar um direcionamento, um caminho a seguir.

Durante minha visita a Israel, no ano passado, perambulei pelas ruas de Jerusalém pensando se eu deveria enveredar por outro gênero literário. Eu estava terminando meu segundo volume de poesias, *Top of My Lungs* [A plenos pulmões], e sentia necessidade de algo novo, de uma forma nova. Diversos poetas das Cidades gêmeas* estavam escrevendo romances. O sucesso alcançado por *Gente como a gente*, livro

* Como são conhecidas as cidades de Minneapolis e Saint Paul, no estado americano de Minnesota. (N. da T.)

de estréia de Judith Guest (que mora em Edina, Minnesota), foi uma injeção de ânimo para todos. Perguntei a mim mesma: "Natalie, você quer escrever um romance?" A resposta veio clara: "Não!" De certa forma, saber o que eu não queria consolava-me. Mas não estava de todo tranqüila. Passei a imaginar o meu fim, largada na sarjeta, agarrando-me a uns parcos poemas e implorando, num último suspiro, para que alguém os lesse.

A revista *New Yorker* certa vez publicou uma charge genial, na qual um homem segurava um fuzil e um caderno diante de um avião repleto de passageiros e dizia: "Fiquem todos em seus lugares. Ninguém se machucará. Só quero que ouçam uns poemas que eu escrevi." A poesia realmente nunca esteve entre os passatempos preferidos dos americanos.

Quem me deu a idéia de escrever este livro foi uma amiga minha, poeta, atualmente às voltas com um romance de suspense. Eu já havia tentado escrevê-lo cinco anos antes, mas não era o momento apropriado. Contudo, assim como as obsessões, os sonhos também voltam. Devemos dar-lhes atenção e fazer alguma coisa por eles. É uma maneira de olharmos para dentro da nossa vida. Caso contrário, ficaremos – nós e nossos sonhos – à deriva para sempre.

Quando aprendemos a confiar em nossa própria voz e permitimos que o poder criativo dentro de nós se manifeste, podemos direcioná-lo para escrever contos, romances, poesia, fazer revisões, e assim por diante. Temos a ferramenta básica para realizar nosso sonho. Mas é preciso ter cuidado. Escrever revelará também outros sonhos que temos – conhecer o Tibete, ser a primeira mulher eleita presidente dos Estados Unidos, construir um ateliê equipado com energia solar no Novo México –, e eles virão com tudo. Ignorá-los será muito mais difícil.

Sintaxe

Faça esta experiência: pegue seu texto mais sem graça, escolha três ou quatro linhas ou frases em seqüência e transcreva-as para uma folha de papel em branco.

> Não sei escrever porque sou um cubo de gelo e minha boca fica seca e não tenho nada para dizer e prefiro ir tomar sorvete.

Muito bem. Agora imagine que cada uma das palavras é um bloco de madeira, todos da mesma cor e do mesmo tamanho. Os substantivos e os verbos têm exatamente o mesmo valor que as conjunções e os artigos. Tudo é igual. Então, utilizando cerca de um terço da página, troque as palavras de lugar, como se estivesse movimentando simples pedaços de madeira. Não tente dar sentido a essas novas frases. Sua mente continuará tentando construir alguma coisa. Procure refrear esse impulso, relaxe e vá escrevendo sem pensar. Você deverá repetir algumas palavras a fim de preencher um terço da folha.

> Escrever sou uma boca prefiro sorvete dizer tomar gelo e nada seca e um minha prefiro dizer e meu fica cubo porque um tenho sei para boca não fica escrever sorvete ir seca e sou dizer não sei fica tomar escrever porque para sou ir cubo de boca e tenho tomar minha sorvete um nada gelo seca e escrever e dizer não nada e prefiro.

Se desejar, aleatoriamente insira alguns pontos finais, um ponto de interrogação, talvez até de exclamação, um ou outro ponto-e-vírgula e alguns dois-pontos. Faça isso sem raciocinar, sem querer que o texto tenha significado. Divirta-se apenas.

> Escrever sou uma boca prefiro sorvete. Dizer tomar gelo e nada seca! E um minha prefiro dizer e; meu fica cubo porque. Um tenho sei para boca não fica. Escrever sorvete. Ir seca e sou dizer não sei fica tomar escrever. Porque: para sou ir cubo de boca; e tenho tomar minha sorvete um nada gelo seca. E escrever e dizer não nada e prefiro?

Agora leia o trecho em voz alta, como se estivesse tentando transmitir uma mensagem. Ponha inflexão e expressão na voz. Uma sugestão é reler o mesmo texto usando, em cada vez, uma voz diferente: zangada, alegre, triste, chorosa, orgulhosa, severa, e assim por diante.

O que acabamos de fazer? Normalmente, nossa língua obedece a uma sintaxe frasal rígida de sujeito/verbo/objeto. Há um sujeito que atua sobre um objeto. "Eu vejo o cão." Nessa oração, o "eu" é o centro do universo. Esquecemo-nos de que, na nossa estrutura lingüística, se o "eu" vê "o cão", "o cão" também nos vê. É interessante notar que, na língua japonesa, essa mesma frase seria construída como "Eu cão vendo". Há um intercâmbio ou uma interação entre os elementos, em vez de um sujeito agindo sobre um objeto.

Pensamos por meio de frases, e o nosso modo de pensar é também o nosso modo de ver as coisas. Se a estrutura do nosso pensamento é sujeito/verbo/objeto, assim também é nossa forma de conceber o mundo. Ao rompermos com a sintaxe, liberamos energia e passamos a enxergar o mundo de um ponto de vista novo. Deixamos de ser tão chauvinistas com relação à nossa condição de *Homo sapiens*. Outros seres, além dos humanos, desempenham um papel importante no planeta: as formigas têm suas próprias cidades; os cães têm vida própria; os gatos estão sempre ensaiando uma soneca; as plantas respiram; as árvores vivem muito mais tempo do que nós. É óbvio que podemos formar uma frase usando um cão ou gato ou mosquito na posição de sujeito – "O cão vê o gato." Mas ainda persiste o paradigma de personalismo e egocentrismo embutido na própria estrutura da nossa língua. Ter que ser o senhor é um fardo terrível. Não somos os donos do mundo. Isso é uma ilusão, perpetuada pela ilusão da nossa estrutura sintática.

Katagiri Roshi costumava dizer: "Tenha bondosa consideração por todos os seres sencientes." Certa vez, perguntei-lhe: "Mas o que são seres sencientes? São coisas que têm sentimentos?" Ele respondeu-me que devemos ser gentis até mesmo com a cadeira, o ar, o papel, a rua. Nossa mente deve desenvolver esse nível de amplitude e aceitação. Quando alcançou a iluminação, sentado sob a árvore bodhi, Buda disse: "Agora estou iluminado com todos os seres." E não: "Estou iluminado e você não!" ou "Estou vendo a iluminação", como se ele fosse separado dela.

Isso não significa que, a partir de agora, devemos permanecer paralisados com medo de machucar o tapete sob nossos pés ou de esbarrar num copo sem querer. Também não significa que, por ser equivocado, devemos descartar o padrão sintático corrente. Fazer esse exercício uma única vez, mesmo que depois volte a usar frases, será suficiente para abrir uma fresta e deixar entrar aquele sopro de energia em você. Embora a frase "Eu como alcachofra" tenha sentido próprio e não desperte suspeitas sobre sua sanidade mental, você sabe agora que, por trás dessa construção sintática, a alcachofra também está comendo você e mudando toda a sua vida, principalmente se a cobrir com um molho de alho e manteiga e deixar que ela saboreie a sua língua! Quanto mais conhecemos a sintaxe que rege nossos movimentos, nossa visão e nossa escrita, maior controle e maior autonomia temos para, se necessário, romper com essa estrutura. Na verdade, quando abrimos a sintaxe ao meio, mais próximos estamos de descobrir aquilo que realmente precisamos dizer.

Abaixo estão alguns exemplos de poemas do livro *Shout, Applaud* [Grite, aplauda], uma coletânea que reúne textos escritos pelas internas de Norhaven, uma instituição para mulheres com deficiência mental[5]. Essas mulheres nunca aprenderam a utilizar formalmente a sintaxe de sua língua nativa. Portanto, seus poemas são bons exemplos do que se pode criar fora dos limites da sintaxe. Além disso, o frescor desses textos deriva de outro fator: eles são cheios de surpresa – só porque tomei café-da-manhã ontem não significa que comer ovos hoje não seja uma experiência fascinante!

Me dá um branco
DE MARION PINSKI

Eu amo o branco
para escrever
escrever meu nome.
Favor dar a Marion
Pinski um branco.
Gosto de branquear
porque de escrever meu nome, podia eu.
Sei bem como
se escreve.

5. Marisha Chamberlain, ed., *Shout, Applaud* (St. Paul, Minn.: COMPAS, 1976).

Quero o branco para escrever
meu nome.
Gosto de escrever meu nome.
Agora queria o branco.
Pedi com educação.
Amo o branco, amo mesmo.
Para escrever, escrever
meu nome, sim.
Tenho meu dinheiro, tenho mesmo.
Até que tento.

Folha de bordo

DE BETTY FREEMAN

Eu que sonho que a moça é jovem
e é linda na bola vermelha de Natal.
O vestido dela é bonito que nem cisne.
O cisne flutua com suas plumas brancas, finas
quando sua cabeça macia de neve
flutua embaixo para ser como neve de novo.
Então eu queria ser uma mulher como aquela uma,
ser com uma asa bem longa.

A pedra e eu

DE BEVERLY OPSE

Na minha mesa tem uma pedra.
Na pedra tem um copo d'água.
A água é escura de sujeira.
A sujeira é suja e empoeirada.
Convidaria um repolho para comer.
O repolho fica muito feliz.
Ele gosta da pedra
porque ela não se mexe.

Todo o mundo

DE SHIRLEY NIELSON

Eu estava usando um casaco
azul. De repolho e salsicha.
Era um salsichão cozido,
o cheiro era de repolho
ah, que cheiro bom
de repolho lá fora não no verão o barulho era
água vazando na cozinha em algum lugar.

Há muitos anos, Russell Edson fez uma leitura na Universidade de Minnesota. Na ocasião, ele contou ao público que, quando se senta à máquina de escrever, costuma produzir cerca de dez pequenos textos diferentes de uma única vez. Em seguida, relê tudo o que foi escrito. Dos dez, provavelmente um será bom, e é esse que ele mantém. Ele disse que, se lhe ocorre uma boa frase introdutória, o resto do texto geralmente flui bem. Eis alguns exemplos dessas suas frases[6]:

> "Um homem quer ganhar a afeição de um avião."
>
> "Um camundongo tentou enfiar a cauda na vagina de uma velha (...)."
>
> "Se os cientistas tivessem criado um pombo do tamanho de um cavalo (...)."
>
> "Um pato de estimação vai parar na panela por engano."
>
> "Ocupado com uma bomba de chocolate, um homem ouviu sua mãe quebrando alguma coisa e concluiu que deveria ser seu pai."
>
> "Marido e mulher descobrem que seus filhos são imitações."
>
> "Gêmeos idênticos e idosos vivem em turnos."

Abaixo estão dois textos completos:

6. Russell Edson, *With Sincerest Regrets* (Providence, R.I.: Burning Deck, 1980). Reimpresso com autorização da editora.

Salteando

Enquanto salteava seu chapéu, um homem se lembrava de como a mãe costumava saltear o chapéu do pai e de como a avó costuma saltear o chapéu do avô.

Um pouco de alho e vinho e o sabor do chapéu desaparece completamente, passa a ter gosto de roupa de baixo. (...).

E, enquanto salteava seu chapéu, ele pensou na mãe salteando o chapéu do pai e na avó salteando o chapéu do avô, e desejou ter se casado, porque assim teria alguém para saltear o seu chapéu; saltear é uma tarefa tão solitária. (...).

Sinceros pêsames

Tal serpente branca, a privada se esgueira para dentro da sala, exigindo amor.

Amor impossível, e oferecemos nossos mais sinceros pêsames.

O livro do coração não traz menção alguma sobre hidráulica.

E, embora tenhamos muitas vezes compartilhado nossa intimidade contigo, pertences a um universo inferior, o qual não desejamos adentrar. (...).

A privada retira-se da sala como uma serpente branca, soando triste a descarga. (...).

Depois da leitura, houve a habitual recepção com queijos e vinhos, numa sala de aula ampla e feia. Lembro-me claramente de Russell Edson, de terno, sentado sozinho de um lado da sala. De outro, alunos, professores e poetas rodeavam as bolachas e as finas fatias de queijo alaranjado, bebericando vinho nervosamente e discutindo a obra do escritor. Poucos de nós se aproximaram dele. Apesar dos risos durante a leitura, estávamos constrangidos, pois ele pusera o dedo na ferida de todos nós.

Experimente sentar-se à frente de sua máquina de escrever e, sem pensar em nada, comece a produzir textos como os de Russell Edson. Para isso é preciso soltar-se, deixar a árvore do seu jardim criar pernas e sair andando até Iowa. Tente criar frases introdutórias fortes, boas. Você pode tirar a primeira metade da frase de um artigo de jornal e terminá-la com algum ingrediente listado numa receita culinária. Brinque à vontade. Mergulhe no absurdo e escreva. Arrisque-se. Só alcança o sucesso quem não tem medo do fracasso.

Não conte, mostre

Há um velho adágio entre os escritores que diz: "Não conte, mostre." O que significa essa afirmação? Significa que, em vez de falar sobre a raiva (ou sobre outras palavras pomposas como "honestidade", "verdade", "ódio", "amor", "tristeza", "vida", "justiça", etc.), você deve mostrar como foi que ficou com raiva. Leremos o texto e experimentaremos a mesma sensação. Não diga aos leitores o que sentir. Exponha-lhes a situação, e o sentimento nascerá dentro deles.

Literatura não é psicologia. Escritores não falam "sobre" as emoções. Eles sentem e, por meio de suas palavras, inspiram esse mesmo sentimento no leitor. O escritor toma o leitor pela mão e guia-o pelo vale de amargura e felicidade, sem nem sequer mencionar essas palavras.

Assistir ao nascimento de uma criança pode fazer você chorar e cantar de alegria. Descreva a cena que você vê: o rosto da mãe, a onda de energia que aflora no momento em que o bebê finalmente vem ao mundo depois de várias tentativas, o marido respirando junto com a esposa, aplicando toalhas úmidas em sua testa. O leitor compreenderá sem que você precise discutir a natureza da vida.

Quando escrevemos, devemos nos manter ligados aos sentidos e àquilo de que estamos falando. Se estivermos criando a partir das primeiras impressões – das primeiras impressões registradas pela mente antes que novos pensamentos cheguem para comentar, criticar e julgar –, não haverá com o que nos preocuparmos. Esses primeiros pensamentos são a mente refletindo a experiência – com a mesma precisão que o ser humano pode almejar quando tenta definir, com palavras, o pôr-do-sol, o nascimento, o grampo de cabelo, o açafrão. Nem sempre podemos ficar com as primeiras impressões, mas é bom conhecê-las. Elas nos ensinam a sair de cena e usar a palavra como um espelho para refletir a realidade.

Toda vez que deparo com a palavra *sobre* num texto, é como se soasse um alarme automático. "Esta história é sobre a vida." Quando for escrever, pule essa linha e entre de uma vez na vida propriamente dita. Evidentemente, quando treinamos no caderno, podemos criar uma frase genérica, como "Pretendo escrever sobre minha avó" ou "Esta é uma história que fala de sucesso". Tudo bem. Não se flagele ao escrever algo assim; não se torne muito crítico a ponto de misturar o criador e o editor. Apenas escreva a frase, tome consciência dela e então avance para um nível mais profundo, mergulhando na história e levando o leitor consigo.

Certas frases genéricas freqüentemente se mostram muito pertinentes. Lembre-se apenas de ilustrá-las com um exemplo concreto. Mesmo no caso de um ensaio acadêmico, essa estratégia traz mais vida ao texto. Que bom seria se Kant ou Descartes tivessem seguido essas dicas. "Penso, logo existo" – penso em chiclete, corrida de cavalos, churrasco e bolsa de valores, logo sei que existo na América do século XX. Vá em frente, pegue os *Prolegômenos a toda metafísica futura* de Kant e tente mostrar o que ele está contando. Todos nós seríamos muito mais felizes.

Muitos anos atrás, transcrevi para o papel uma história que me haviam contado. Meus amigos disseram que era chata. Não consegui entender a reação deles, pois eu tinha adorado a história. Hoje, percebo que escrevi "sobre" a história, de maneira indireta. Não entrei nela, não me envolvi com ela. Fiquei do lado de fora e, portanto, não levei ninguém para dentro. Isso não significa que você não pode escrever sobre algo que não vivenciou diretamente. Apenas tenha o cuidado de imprimir vida à história. Caso contrário, ela estará duas vezes distante do leitor e você não estará presente.

Seja específico

Seja específico. Não diga "fruta". Conte que tipo de fruta é – "É uma romã". Dê às coisas a dignidade do nome. Assim como fazemos com as pessoas, é falta de educação dizer: "Ei, menina, entre na fila." A "menina" tem nome. (Na verdade, se tem mais de vinte anos, a "menina" já é uma mulher.) As coisas também têm nome. É muito melhor dizer "o gerânio na janela" do que "a flor na janela". "Gerânio" – uma única palavra é capaz de transmitir uma imagem muito mais precisa. Penetramos com mais profundidade no âmago daquela flor. Imediatamente avistamos a cena na janela: pétalas vermelhas, folhas verdes e redondas, espichando-se para o sol.

Faz mais ou menos dez anos, resolvi aprender os nomes das plantas e das flores dos locais por onde eu circulava. Comprei um livro de botânica e saí para passear pelas alamedas de Boulder, examinando folhas, cascas e sementes e tentando associá-las com as descrições e os nomes no livro. Bordo, olmo, carvalho, alfarrobeira. Para poupar-me o trabalho, muitas vezes perguntava às pessoas que trabalhavam em seus jardins que plantas eram aquelas. Surpreendi-me ao ver que poucos conheciam os seres vivos que habitavam seus pequenos canteiros.

Quando sabemos o nome das coisas, ficamos mais perto do chão. O borrão na mente desaparece e nos conectamos com a Terra. Quando caminho pela rua e vejo um "corniso" ou uma "forsítia", sinto mais intimidade com o ambiente. Sei reconhecer e nomear as coisas ao meu redor. Isso me deixa mais desperta.

Lendo os poemas de William Carlos Williams, é possível perceber como ele é específico com relação às plantas, árvores, flores – almeirão, margarida, alfarrobeira, álamo, prímula, lilás, margarida-amarela –; cada uma delas tem sua própria integridade. Williams aconselha: "Escreva o que estiver embaixo de seu nariz." É bom saber o que está embaixo de nosso nariz. Não diga apenas "margarida", mas descreva a aparência da flor naquela estação do ano – "A margarida abraçando a terra/em agosto (...)/as escamas verdinhas e pontudas,/contornadas de marrom,/protegem seu amarelo"[7]. Continue a afinar sua percepção: para o nome, o mês, o dia e, por fim, o instante.

Williams também diz: "Nada de idéias, apenas coisas." Analise o que está "embaixo de seu nariz". Ao dizermos "gerânio" e não "flor", penetramos mais fundo no presente e ali existimos. Quanto mais de perto olharmos para as coisas embaixo de nosso nariz, mais poderemos aprender com elas. "Ver o Mundo num Grão de Areia, e o paraíso numa Flor Selvagem (...)."[8]

Nos grupos e nas aulas de redação, igualmente, é importante aprender logo os nomes de todos os participantes. Assim você se situa melhor no grupo e fica mais atento ao trabalho dos demais.

Aprenda o nome de todas as coisas: pássaros, queijos, tratores, carros, prédios. O escritor é tudo ao mesmo tempo: arquiteto, *chef* francês, fazendeiro. E, ao mesmo tempo, não é nada disso.

7. Williams, "Daisy", em *The Collected Earlier Poems.*

8. William Blake, "The Auguries of Innocence", em *The Northon Anthology of Poetry* (Nova York: W. W. Norton, 1970).

Muita concentração

Então vamos lá. Escolha um assunto específico para discorrer – digamos, a primeira vez que você tentou confeccionar uma colher de madeira. Conte tudo em detalhes. Mergulhe na experiência, mas não fique míope. Quando nos concentramos unicamente no texto, é necessário que uma parte de nós permaneça atenta para perceber a cor do céu ou o som de um cortador de grama ao longe. Acrescente pelo menos uma frase descrevendo o movimento da rua, visto pela janela, no momento em que você estava esculpindo aquela colher. É um bom exercício.

Não podemos ignorar que o universo se move conosco e nos sustenta em todas as nossas ações. Assim, ao introduzirmos uma frase sobre ele, mostramos também ao leitor que, embora seja preciso nos concentrar na tarefa à nossa frente, não podemos esquecer a realidade lá fora, que vive e respira. Mencionar a cor do céu na hora certa deixa o texto mais arejado.

Nos retiros zen, entre uma e outra sessão de meditação de quarenta minutos, costuma-se fazer o *kinhin*, que é uma modalidade de *zazen* em movimento. Em pé, seguindo o ritmo da expiração, começamos a ensaiar um passo, bem lentamente. Sentimos os joelhos flexionando-se ligeiramente, o calcanhar deixando o chão. Tudo muito vagaroso. Ao inspirar, elevamos a sola e os dedos do pé e avançamos cerca de três centímetros. Repetimos com o outro pé. O *kinhin* dura, mais ou menos, dez minutos. Ao desacelerar o movimento dessa maneira, percebemos que não se dá cada passo isoladamente. A cada pisada, percebemos o ar, as janelas, os outros praticantes. Compreendemos que não seria possível caminhar sem o chão, sem o céu, sem a água que bebemos e nos mantém vivos. Tudo está interligado, interpenetrado. Até mesmo a estação do ano contribui para sustentar o nosso passo.

Portanto, é ótimo quando conseguimos nos concentrar em nosso texto. Mas devemos sempre nos concentrar sem bloquear o mundo externo, deixando que ele exista por inteiro. Trata-se de um equilíbrio muito delicado.

O comum e o incomum

No fim de semana, fui acampar em Abiquiu, em meio a incríveis penhascos rosados e colinas descampadas. É o lugar que Georgia O'Keeffe escolheu para morar. No fim de semana anterior, visitei a terra dos índios hopis, no Arizona, para ver a dança das cobras. Do alto de First Mesa e Second Mesa, avistamos paisagens lunares completas. A dança das cobras é para pedir chuva. Caçam-se todos os tipos de cobras – boas, cascavéis, corredoras-azuis –, que permanecem sob a guarda de curandeiros durante quatro dias e quatro noites antes da dança. Durante a apresentação, os homens do povoado prendem as cobras entre os dentes e deslocam-se em movimentos ritmados para a frente e para trás. Quando a dança termina, eles carregam as cobras pelo extenso planalto e as libertam nas quatro direções, as mesmas em que foram capturadas.

Observei tudo aquilo admirada. Como poderia escrever sobre toda essa vastidão e esses rituais míticos? Um amigo que me acompanhava na viagem sugeriu: "Veja esse espaço imenso, as colinas, os planaltos, o céu. Aqui dá para sentir a presença de Deus. Como você poderia empregar o detalhe original de que tanto fala para capturar tudo isso?"

Erroneamente, acreditamos que o detalhe é sempre algo insignificante ou que deve ser usado somente quando escrevemos sobre uma formiga ou um grampo de cabelo. Encaramos o detalhe como uma coisa diminuta, na qual não se incluem a mente cósmica ou as gigantescas montanhas do Novo México. Isso não é verdade. Qualquer coisa, por maior que seja, por mais fantástica que seja, é também comum. Achamos que os detalhes são coisas prosaicas e banais. Até mesmo os milagres são acontecimentos triviais que, vistos por uma mente desperta, se revelam fantásticos.

Portanto, para construir a base de um texto, não basta apenas manipular os elementos de forma materialista. É necessário utilizar detalhes para alcançar a outra margem, para chegar ao imenso vazio por trás de todas as coisas. Para os índios da tribo hopi, que sempre habitaram aquela região, as enormes extensões de terra que ladeiam seu vilarejo não têm nada de diferente. Eles olham para aqueles planaltos imensos todos os dias. Infelizmente, muitos jovens da tribo sonham em sair dali e morar na cidade, que lhes parece mais emocionante.

Os detalhes originais são completamente corriqueiros, exceto para quem percebe suas singularidades. Ninguém precisa ir até os planaltos dos hopis para enxergar a magnitude. Basta olhar para o que está a nosso redor de modo diferente. A dança das cobras é uma experiência muito profunda para os hopis, mas também é uma festividade que a tribo celebra a cada dois anos, geração após geração. Como ocorre no final de todas as danças, os índios convidam os amigos para jantar em casa. Se acharmos que a vida e os rituais indígenas são fantásticos e que a nossa vida é trivial, nosso texto revelará uma certa pobreza. Devemos lembrar que tudo é comum e tudo é incomum. Nossa mente pode tanto se abrir quanto se fechar. Os detalhes não são nem bons nem maus. São só detalhes. Onde fica First Mesa? Fica a oeste, a uma hora e meia de distância de Window Rock, na Highway 264.

A dança das cobras foi executada, em cada detalhe, com extrema concentração. E tinha de ser assim, afinal os hopis levavam as cobras na boca. Nós, espectadores, achávamos aquilo incompreensível e fantástico porque era novo e desconhecido. Mas era também comum, pois se repetia havia centenas de anos. Para escrever sobre uma coisa dessas, é necessário chegar até sua raiz e conhecê-la de perto, para que o comum e o incomum se descortinem ao mesmo tempo diante de nossos olhos. Mergulhar fundo para tentar compreender sua interpenetração com todas as outras coisas. Assim, o detalhe automaticamente se impregna do cósmico e ambos se tornam elementos intercambiáveis.

Recentemente, um amigo meu sofreu um acidente de moto. Depois de passar a noite em claro, partira logo cedo para uma longa viagem até Massachusetts. Estava a 140 km/h quando dormiu ao volante e bateu num carro. Por sorte saiu sem nenhum arranhão, mas da moto não restou nada.

Fiquei transtornada quando soube da notícia. Se ele tivesse morrido, o equilíbrio da minha vida teria sido alterado. Todos estamos interligados e, por isso, criamos o universo uns dos outros. A morte prematura de alguém afeta a todos. Não vivemos para nós mesmos; estamos interconectados. Vivemos para a Terra, para o Texas, para o frango que comemos ontem à noite e que nos deu sua vida, para nossa mãe, para a estrada, para o teto e para as árvores. Temos o dever de tratar bem a nós mesmos, pois assim trataremos o mundo.

É com esse entendimento que devemos escrever. Dessa maneira, trataremos os detalhes não como objetos isolados, materiais, mas como reflexos de todas as outras coisas. Katagiri Roshi dizia o seguinte: "Tomar chá é um ato muito profundo." É necessário compreender que, quando escrevemos sobre o chá ou o planalto ou o céu ou o grampo de cabelo, devemos prestar-lhes atenção e penetrar-lhes a alma. Fazendo isso, naturalmente damos o salto de que os poetas tanto falam, pois estamos cientes da interconexão que existe entre todas as coisas. Podemos também escrever prosa sem nos preocupar com as transições entre parágrafos que aprendemos na escola. Elas ocorrerão naturalmente se estivermos conectados com a grandeza do movimento.

A conversa é o palco da prática

Reúna-se com um amigo próximo e conte histórias. Fale daquela vez em que leram sua mão em Albuquerque, ou de quando você praticou zazen numa granja em Arroyo Seco, no Novo México, com seu amigo Sassafras, ou do hábito que sua mãe tem de comer torrada com queijo *cottage* todas as manhãs.

Quando contamos histórias, queremos que as pessoas ouçam, e assim carregamos mais nas tintas. Exageramos um pouco, inventamos uma ou outra mentirinha brilhante. E as pessoas não ligam se você não contar fielmente o que aconteceu dez anos atrás; o que vale é agora e elas estão hipnotizadas. Certa feita, durante um almoço, um colega escritor me pediu: "Conte a fofoca mais interessante que ouviu este mês. E, se não souber de nenhuma, invente." Grace Paley, contista nova-iorquina, disse: "O escritor tem a obrigação de ouvir fofocas e passá-las adiante. É assim que todos os contadores de histórias aprendem as coisas da vida."

Conversar é bom. Não tenha vergonha. A conversa é a oportunidade de treinar a escrita. É um modo de aprender mais sobre comunicação – o que desperta o interesse das pessoas, o que as deixa entediadas. Eu rio e digo a meus amigos: "Não estamos fofocando por maldade. Estamos apenas tentando compreender a vida." E é verdade. Devemos aprender a conversar, não com crítica, cobiça ou inveja, mas com compaixão, enlevo e deslumbramento.

Lembro-me de uma ocasião em que, saindo de um concerto, fui com uma amiga escritora ao New French Bar, no centro de Minneapolis, e lá comecei a contar-lhe sobre como me converti ao budismo. Ela ouvia com tanta intensidade que a história ganhou brilho, apesar de já tê-la contado muitas outras vezes antes. Lembro-me da luz refletindo na garrafa de vinho, do gosto da musse de chocolate. Soube então que deveria colocar aquela história no papel – havia um farto material ali.

Conversando, os escritores podem se ajudar a encontrar novos rumos. "Uau, que incrível; você já tentou escrever sobre isso?"ou "Esta sua frase 'Vivi ali seis anos e não me lembro de nada, nada mesmo' é ótima. Por que não a coloca no papel e começa um poema com ela?" Uma vez, depois de voltar de uma viagem a Boston, comentei de passagem com uma amiga: "Ele é mesmo louco por ela." Essa amiga estava escrevendo um livro de suspense e logo ficou curiosa: "Como você sabe que ele é louco por ela? Conte-me o que ele fazia." Eu ri. É impossível fazer comentários genéricos para um escritor – não basta "contar", você tem que "mostrar" o que aconteceu.

Outra amiga contou-me que o seu pai fora embora de casa quando ela tinha doze anos e, depois de tornar-se evangélico, desviou dinheiro de igrejas em três estados diferentes. Essa era sua tragédia pessoal. Disse-lhe que era uma história excelente. Seu rosto se iluminou na mesma hora. Ela percebeu que poderia transformar sua vida em material para escrita.

A conversa é uma maneira de você se aquecer antes de o jogo de verdade começar – antes de você passar suas horas sozinho com a caneta e o caderno. Faça uma lista de todas as histórias que já contou repetidas vezes. Você terá assunto de sobra para escrever.

Escrever é um ato coletivo

Um aluno me disse: "Ando lendo tanto Hemingway que já estou começando a parecer com ele quando escrevo. Eu o estou imitando em vez de ter minha própria voz." Isso não é de todo ruim. É muito melhor se parecer com Hemingway do que com a tia Petúnia, que acha as mensagens dos cartões da Hallmark o supra-sumo da poesia americana.

Estamos sempre com medo de copiar alguém, de não ter um estilo próprio. Não se preocupe. Escrever é um ato coletivo. Ao contrário do que se pensa, o escritor não é um Prometeu solitário numa montanha em chamas. É muita arrogância pensar que temos uma mente totalmente original. Estamos apoiados sobre os ombros de todos os escritores que vieram antes de nós. Vivemos no presente, com toda a história, todas as idéias e todos os refrigerantes do momento. Tudo isso se mistura no nosso texto.

Os escritores são ótimos amantes. Volta e meia, apaixonam-se por seus colegas. É assim que aprendem a escrever. Elegem um autor, lêem toda a sua obra e depois lêem tudo de novo até entender os movimentos, as pausas, a visão daquele escritor. Isto é ser amante: abandonar a si próprio para entrar na pele do outro. O apreço pelo texto de outro autor demonstra que os talentos dele estão despertos em nós. Isso só nos faz crescer; não significa que somos plagiários. Os elementos de um texto alheio que são naturais para nós incorporam-se a nós, e acabamos usando alguns desses recursos quando escrevemos. Mas não de maneira artificial. Os bons amantes sabem que são aquilo que amam. Foi o que aconteceu com Allen Ginsberg quando quis escrever para ser compreendido por Jack Kerouac: "(...) ao se apaixonar por Jack Kerouac, ele descobriu que era Jack Kerouac: o amor sabe como é isso"[9]. Somos Ernest Hemingway num safári quando lemos *As verdes colinas da África*; somos Jane Austen observando as inglesas do período regencial; somos Gertrude Stein fazendo seu cubismo com palavras; somos Larry McMurtry entrando no salão de sinuca de uma cidadezinha poeirenta do Texas.

Portanto, escrever não se resume apenas a escrever. Requer também cultivar relacionamentos com outros escritores. E não tenha inveja, sobretudo dissimulada. É o pior tipo que existe. Quando alguém escreve um texto maravilhoso, traz mais lucidez para o mundo e para todos nós. Não veja os escritores como os "outros", como pessoas diferentes de você: "Eles são bons e eu sou ruim." Não crie essa dicotomia. Fica difícil ser bom se você estabelece essa dualidade. Evidentemente, o contrário também é verdadeiro. Se diz: "Eu sou bom e eles não", você se torna excessivamente orgulhoso, incapaz de crescer como escritor e de aceitar críticas ao seu trabalho. Pense simplesmente: "Eles são bons e eu também sou." Essa afirmação abre um espaço maior. "Eles fazem isso há mais tempo, posso trilhar seu caminho por um período e aprender com eles."

É muito melhor ser um escritor tribal, que escreve por todas as pessoas e reflete muitas vozes, do que ser um autor fechado em sua concha, tentando encontrar uma partícula de verdade em sua mente individual. Cresça e escreva como se estivesse abraçando o mundo inteiro.

Mesmo que nos isolemos no meio do mato para escrever, temos de entrar em comunhão com nosso ser e com tudo o

9. Entrevista com Allen Ginsberg e Robert Duncan, em *Allen Verbatim*, ed. Gordon Ball (Nova York: McGraw-Hill, 1974).

que nos rodeia: a escrivaninha, as árvores, os pássaros, a água, a máquina de escrever. Não estamos separados do resto. É nosso ego que nos faz pensar dessa forma. Construímos sobre o que veio antes de nós, ainda que escrevamos em reação ou negação ao passado. Mesmo assim, escrevemos conscientes de tudo o que ficou para trás.

Também vale a pena conhecer outras pessoas que escrevam no lugar onde você mora, para que possam se reunir e trocar apoio. É difícil caminhar sozinho. Nos grupos que coordeno, estimulo os alunos a se conhecer e compartilhar seu trabalho com outras pessoas. Não deixe os textos se acumularem no caderno. Mostre-os. Esqueça aquela imagem do artista solitário e sofredor. Já sofremos como seres humanos; não dificulte ainda mais a sua vida.

Um mais um é igual a uma Mercedes-Benz

Sempre digo aos meus alunos, sobretudo à turma de sexta série, que está na hora de aprender as coisas da vida: desligue aquele botãozinho do cérebro que diz que 1 + 1 = 2. Abra sua mente para a possibilidade de 1 + 1 ser igual a 48, a uma Mercedes-Benz, a uma torta de maçã, a um cavalo azul. Não conte sua autobiografia através de fatos como: "Estou na sexta série. Sou menino. Moro em Owatonna. Tenho pai e mãe." Descreva quem você realmente é: "Sou a geada na janela, o uivo do jovem lobo, a folha fina da grama."

Esqueça-se de si mesmo. Dissolva-se em tudo o que vê: na rua, no copo d'água, no milharal. Tudo o que você sentir, torne-se esse sentimento por inteiro, deixe-se consumir nele. Não se preocupe – o seu ego logo ficará nervoso e interromperá esse momento de êxtase. Mas, se conseguir captar aquela sensação, aquele cheiro, aquela imagem num instante de comunhão, provavelmente produzirá um belo poema.

Depois voltamos à terra novamente. Só o texto guardará a grande visão. É por isso que devemos sempre voltar aos livros – aos bons livros, obviamente. E ler e reler as revelações de quem somos e como podemos ser. Esse é o desafio que enfrentamos como seres humanos, a fim de que possamos sempre renovar a compaixão por nós mesmos e tratar o próximo com bondade.

Vire bicho

Você é escritor mesmo quando não está escrevendo. Essa condição jamais o abandona. Ande como anda um bicho e contemple tudo ao seu redor com olhos de predador. Use seus sentidos da mesma maneira que os animais. Observe os movimentos do gato quando percebe algo se movendo no ambiente. Ele está completamente imóvel, mas todos os seus sentidos estão ativos, vigiando, ouvindo, farejando. É assim que devemos nos comportar na rua. A mente do gato não está pensando em quanto dinheiro precisa ou nas pessoas para quem deverá enviar postais quando visitar Florença: está concentrada no rato ou na bolinha de gude rolando no chão ou na luz refletida no cristal. Ele está inteiramente pronto para o ataque. É claro que ninguém precisa ficar de quatro no chão e sacudir o rabo. Simplesmente permaneça imóvel – pelo menos mantenha uma parte de si imóvel – e saiba onde você está, mesmo que esteja muito ocupado.

Viajei à Europa com uma amiga que morria de medo de se perder. Ela nunca aprendera a ler um mapa nem conseguia assimilar orientações simples como: "Estivemos nesta praça ontem. Ali, do outro lado da rua, está o Hotel Savoy, onde compramos os ingressos para o *show*. Portanto, é aqui que devemos virar." Por causa dessa fobia, ela se tornou refratária ao bom senso e a todos os sentidos naturais indispensáveis para a sobrevivência – aquele pedacinho de nós que está sempre consciente e desperto. Katagiri Roshi dizia: "Neste exato momento, você é Buda!" Infelizmente, esquecemo-nos disso quando estamos muito ocupados ou amedrontados, como minha amiga. Com medo de se perder, ela acabou perdida.

Como escritores, temos de caminhar pelo mundo sempre em contato com aquela parte de nós que está presente e alerta, aquele sentido animal que olha, vê e capta tudo: a placa de trânsito, a esquina, o hidrante, a banca de jornal.

Antes de escrever, uma boa preparação é imitar um bicho. Movimente-se devagar, espreitando a presa – que é o assunto sobre o qual você pretende escrever –, seja o que for que você esteja fazendo nesse momento: tirando o lixo, indo para a biblioteca, regando as plantas. Concentre seus sentidos. Desative a mente lógica, esvazie-a de todo pensamento. Deixe que as palavras brotem das entranhas. Leve o cérebro ao estômago e deixe-o digerir as idéias. Deixe que elas alimentem todo o seu organismo. Estufe o abdômen, como Buda, respirando profundamente. Não encolha a barriga. Tenha paciência e controle. Deixe que o texto vá se filtrando para baixo do nível das formas mentais, para o subconsciente, para as artérias.

Então, quando finalmente der o bote – digamos, lá pelas dez da manhã, o horário que você reservou para escrever nesse dia –, aumente a pressão e marque um prazo para terminar. Escreva durante uma hora, vinte minutos, tanto faz, mas escreva para valer. Mantenha a mão em movimento e descarregue tudo, direto da veia para a caneta, e da caneta direto para o papel. Não pare. Não rabisque. Não divague. Escreva até cansar.

Mas não se preocupe. Essa não será sua última chance. Se não pegar o rato hoje, pegará amanhã. Você nunca deixa de ser quem é. Se você é escritor enquanto escreve, também o será enquanto cozinha, dorme, caminha. E, se você é mãe, pintor, cavalo, girafa ou marceneiro, também o será ao escrever. Isso vem junto. É impossível separar-se de suas partes.

O melhor é entregar-se à tarefa de escrever por inteiro, de corpo e alma. E, depois de escrever, o melhor é sair pelas ruas com todo o seu ser, inclusive seu bom senso, sua natureza búdica – algo bom no seu íntimo que lhe diz os nomes das ruas para que você não se perca. Algo que lhe diz para voltar a escrever amanhã e, até lá, manter-se em contato com o texto, enquanto você for o animal espreitando a cidade lá fora.

Uma pesquisa sobre as mulheres e a linguagem, realizada no início dos anos setenta, teve profunda influência sobre mim e minha produção de textos. Entre outras coisas, o estudo concluía que as mulheres tendem a acrescentar atenuantes a suas afirmações: "A guerra do Vietnã foi terrível, *não foi?*", ou "Eu gostei, *e você?*" Na sua estrutura frasal, as mulheres estão sempre buscando uma confirmação de seus sentimentos e opiniões. Não costumam fazer uma afirmação e sustentá-la: "Isto é lindo", "Aquilo é feio." Precisam de um aval externo. (Os pesquisadores mencionavam, aliás, que isso se aplicava não só às mulheres, mas às minorias em geral.)

Outra característica do discurso feminino é o emprego constante de modificadores indefinidos como *possivelmente, talvez, de certa maneira*. Por exemplo, "de algum modo aconteceu", como se se tratasse de uma força incompreensível, que faz a mulher se sentir impotente. "Talvez eu vá", em vez de um enunciado claro e afirmativo como "Sim, eu vou".

O mundo não é sempre preto no branco. A pessoa pode não saber se, de fato, irá a determinado lugar, mas é importante, sobretudo para os escritores iniciantes, elaborar orações claras e afirmativas. "Isto é bom." "Era um cavalo azul." E não: "Bom, pode parecer esquisito, mas acho que talvez fosse um cavalo azul." Construir frases afirmativas é exercitar a confiança no próprio intelecto, é desenvolver a capacidade de defender nossas idéias.

Depois de ler o artigo, fui para casa e revi um poema que havia escrito recentemente, tratando de eliminar todas as frases e palavras vagas e indefinidas. Senti como se tivesse arrancado as toalhas que cobriam meu corpo, deixando-me ficar completamente nua após o banho, para expor quem eu realmente era e o que sentia. A primeira vez não foi fácil, mas a sensação foi boa. O poema ficou muito melhor.

Portanto, mesmo que a vida nem sempre seja tão clara, é bom expressar-se por meio de frases claras e afirmativas. "É assim que me sinto e é isso que eu penso." "Neste momento eu sou assim." Requer prática, mas o resultado compensa.

Contudo, enquanto estiver treinando, não se preocupe se, porventura, acabar utilizando palavras indefinidas. Não se culpe nem se critique por isso. Apenas tome conhecimento do fato. Continue escrevendo. Numa segunda leitura, você poderá eliminá-las.

Outra coisa para a qual devemos atentar são as perguntas. Quem sabe formular uma pergunta também sabe responder a ela. Não há problema algum em fazer uma indagação quando estiver escrevendo, mas passe imediatamente a um nível mais profundo de seu ser e responda à questão na frase seguinte. "O que devo fazer da minha vida?" Devo comer três *brownies*, sempre olhar para o céu e tornar-me o maior escritor do mundo. "Por que tive uma sensação esquisita ontem à noite?" Porque comi pombo no jantar, calcei o sapato no pé errado e estou triste. "De onde vem o vento?" Vem da lembrança dos primeiros habitantes do rio Croix. E ele afaga a terra até as Dakotas.

Não tenha medo de responder às perguntas. Dentro de você existe uma fonte inesgotável de recursos. Escrever é vencer a névoa que turva a nossa mente. Não transfira a névoa para o papel. Mesmo que não tenha certeza de alguma coisa, expresse-a como se conhecesse a si próprio. Com esse exercício, você acabará se conhecendo de verdade.

Os verbos são muito importantes. São a ação e a energia da frase. Preste atenção no uso que dá a eles. Experimente fazer este exercício. Dobre uma folha de papel no meio, na vertical. No lado esquerdo, escreva dez substantivos. Dez palavras quaisquer.

lilases
cavalo
bigode
gato
violino
músculos
dinossauro
semente
plugue
vídeo

Agora vire o papel para a outra coluna. Pense numa profissão – por exemplo, marceneiro, médico, comissário de bordo. Na metade direita da folha, liste quinze verbos que se relacionam com aquela ocupação.

Cozinheiro:
saltear
picar
moer
fatiar
cortar
aquecer

grelhar
provar
ferver
assar
fritar
marinar
bater
mexer
refogar

Abra a folha. Na coluna da esquerda, você tem uma lista de substantivos e, na da direita, uma lista de verbos. Tente unir os substantivos e os verbos e veja que combinações consegue formar. Então complete as frases, mudando o tempo verbal se necessário.

lilases
cavalo
bigode
gato
violino
músculos
dinossauro
semente
plugue
vídeo

Cozinheiro:
saltear
picar
moer
fatiar
cortar
aquecer
grelhar
provar
ferver
assar
fritar
marinar
bater
mexer
refogar

Dinossauros marinam na Terra.
Os violinos ferveram o ar com sua música.
Os lilases fatiaram o céu de roxo.

Aqui estão outros exemplos de uso de verbos:

A respiração do marido *serrando* seu sono ao meio (...)
A luz opaca do crepúsculo *espreguiça-se* sobre o cilindro de propano.[10]

Explodi quando o vi (...).[11]
Outros, em pares, indo de carro em direção ao rio que *faiscava* com a lua.[12]

(...) onde anjos e gladíolos percorrem-lhe a pele / para adormecer na terra (...).[13]

Meu sangue *zune* como um vespeiro.[14]

Isso não significa que, enquanto escreve, você deve parar e ficar uma hora contemplando um verbo novo. Simplesmente preste atenção nos verbos, na força que eles carregam, e então passe a empregá-los de maneira nova. Quanto mais você estiver atento aos diversos aspectos da língua, mais vi-

10. Ambos de Carolyn Forché, "Dawn on the Harpeth", poema inédito oferecido à autora. Impresso com autorização.
11. Richard Hugo, "Time to Remember Sangster", em *What Thou Lovest Well, Remains American* (Nova York: W. W. Norton, 1975).
12. Richard Hugo, "Why I Think of Dumar Sadly", em *What Thou Lovest Well, Remains American*.
13. De Kate Green, "Journal: July 16, 1981", em *If the World Is Running Out* (Duluth, Miness: Holy Cow! Press, 1983). Reimpresso com autorização da autora e da editora.
14. De Anne Sexton, "Angel of Beach Houses and Picnics", em *The Book of Folly* (Boston: Houghton Mifflin, 1972).

brante será seu texto. No final, você até pode concluir que *correr*, *ver* e *ir* são perfeitos para você. Tudo bem. Mas esta será uma escolha consciente e não apenas fruto de um momento em que você esteve distraído, dormindo e roncando.

Escrever em restaurantes

Estou sentada num restaurante instalado num antigo vagão de trem, em San Cristóbal, Novo México. A cidade tem uns sessenta e oito habitantes, e a espanhola que administra o restaurante é dona da terra desde 1948. Ela voltou do Arizona recentemente e reabriu o negócio. A prefeitura exige que ela cave sua própria cisterna; até lá, a cozinha está impedida de funcionar. Assim, minhas opções para as duas horas que passarei escrevendo são cigarro, refrigerante, bala de alcaçuz, chiclete nos sabores original, uva ou maçã, chocolate recheado, bala de canela, antiácido efervescente, refresco sabor framboesa ou tropical, um litro de leite ou uma dúzia de ovos. Tenho de pedir alguma coisa e não pode ser apenas uma Coca-Cola, já que pretendo ficar um bom tempo por aqui.

Essa é a primeira regra. Quando procuramos uma lanchonete para escrever, precisamos estabelecer um relacionamento com o lugar. Vá com fome, assim você sentirá vontade de comer. Houve ocasiões em que, mesmo sem fome, pedi um prato, deixei-o de lado e abri meu caderno. De vez em quando, na hora seguinte, eu parava para beliscar os anéis de cebola ou a salada de espinafre. Se tomo café, não fico pedindo refil de graça. Quero que as pessoas do restaurante saibam que aprecio o tempo e o espaço que elas me oferecem. Além disso, se ocupar uma mesa por muito tempo, deixe uma gorjeta maior. A garçonete fatura com a rotatividade dos fregueses e você está segurando aquela mesa além do previsto. Não apareça no horário de almoço ou jantar, quando o local está mais cheio. Vá depois da hora do *rush*, quando a garçonete ficará feliz em vê-lo, pois está exausta e sabe que você não pedirá muita coisa nem exigirá atendimento rápido.

Sei que esse parece um jeito muito dispendioso de escrever, mas é só na primeira vez. Depois da apresentação inicial, você logo passa a fazer parte da rotina do lugar. "Aí vem a escritora! Como vai? Aceita mais um café por conta da casa?"

Quando morava em Minneapolis, um amigo me ligou dizendo: "Tem um restaurante novo na Calhoun Square. E se a gente fosse jantar e ficasse por lá escrevendo?" Foi quando percebi, pela primeira vez, que existe toda uma técnica para escolher um local bom para escrever. Esse restaurante novo era completamente inadequado, vi logo de cara. Primeiro, porque era muito chique e servia pratos bons e elaborados. Não era para escrever grande literatura que eles esperavam que as pessoas se debruçassem sobre suas toalhas de linho em tons de branco, violeta e azul-claro.

Geralmente, escolho lugares originais, não filiais de redes como McDonald's. Além de essas lanchonetes serem todas de plástico, as cadeiras são sempre desconfortáveis. Prefira locais com uma atmosfera mais humana, onde nem tudo seja eficiente, frio e cor-de-laranja.

Mas por que todo esse incômodo? Por que não escrever em casa mesmo? É um truque que eu uso. É bom mudar de ares de vez em quando. Em casa tem o telefone, a geladeira, a louça para lavar, o banho para tomar, a campainha para atender. Faz bem fugir um pouco. Além do mais, quando nos damos ao trabalho de ir até uma lanchonete, não podemos sair de lá tão cedo para fazer outra coisa, como acontece em casa.

E a mente é malandra. Parece que, quando estou escrevendo, centenas de atividades agradáveis surgem à minha cabeça. Certa vez, fui passar uma semana num chalé emprestado no norte de Minnesota. No segundo dia, sentei-me à frente da máquina de escrever para trabalhar num conto. Dali eu avistava a vegetação típica do final de junho, as folhas de beterraba e de alface, as zínias na horta. Um céu azul lindo. De repente eu estava de maiô, com os tornozelos dentro d'água. E olhe que o lago ficava a meio quilômetro do chalé. Estava prestes a mergulhar quando dei por mim: "Natalie, o que está fazendo aqui? Você não terminou nem a terceira página do conto!" Não costumo ir assim tão longe antes de me dar conta.

Podemos dar-lhe o nome que quisermos, mas trata-se basicamente daquela parte resistente da mente que entra em ação sempre que usamos essas artimanhas. E ela quer resistir a quê? Ao trabalho e à concentração.

Passei por um período, durante o último outono, em que sentia uma espécie de euforia paralisante sempre que começava a escrever. Olhava para a paisagem na janela e sentia um amor por tudo, uma comunhão com tudo. E daquele jeito eu ficava, às vezes durante todo o tempo que havia reservado para trabalhar. Pensava comigo: "Oh, estou sendo iluminada! Isto é muito mais importante do que escrever. Além do mais, é para isto que toda literatura converge." Depois de ter passado por essa experiência algumas vezes, consultei Katagiri Roshi. Disse ele: "Ah, isso é pura preguiça. Vá trabalhar."

Certo tempo atrás li a respeito desses tanques de flutuação, nos quais os estímulos sensoriais são reduzidos consideravelmente, já que a pessoa fica confinada numa caixa escura, imersa sob um palmo de água morna. A concentração aumenta em decorrência da diminuição da estimulação sensorial.

Por incrível que pareça, escrever sentado à mesa de um bar também pode aumentar a concentração. Porém, em vez de reduzir o estímulo, esse tipo de ambiente deixa o nosso lado sensorial alegre e entretido, de modo que aquele lado mais profundo e introspectivo fica livre para criar e se concentrar. É como distrair o bebê com brincadeiras enquanto colocamos na sua boca uma colher de papinha. É por essa mesma razão que Mozart costumava pedir à esposa que lesse histórias em voz alta enquanto ele compunha.

O estímulo do restaurante também pode ser utilizado de outra maneira. Volte-se para ele, pule nesse carrossel e dê uma voltinha. Com a mão em movimento, escreva no ritmo das ondas de energia, incorporando detalhes extraídos do ambiente e misturando-os com seus próprios lampejos de pensamento. A agitação lá fora pode estimular e despertar sentimentos dentro de você. É uma troca maravilhosa.

Fiquei abismada ao ver a quantidade de cafés que existem em Paris. É falta de educação apressar o freguês. Você pode pedir um *cappuccino* às oito da manhã e só terminar de beber às três da tarde, sem pressa. Em *Paris é uma festa* (livro incrível, não deixe de ler!), Hemingway fala sobre sua experiência de escrever nesses cafés, tendo James Joyce na mesa ao lado. Quando cheguei à cidade, em junho passado, compreendi por que tantos escritores americanos decidem expatriar-se: há cerca de cinco cafés por quarteirão em Paris e são todos muito convidativos, os escritores são bem-vindos ali.

Nos Estados Unidos, as pessoas têm medo de escrever. A não ser quando se trata de preencher um formulário ou de assinar um cheque, as pessoas pensam que isso é algo muito exótico e, por essa razão, deixam você sozinho, embora alguns se sintam secretamente fascinados e, volta e meia, observem-no com o canto do olho. Escrever não é parte natural do contexto americano. Use essa característica a seu favor. Ninguém o perturbará quando estiver escrevendo em público. Lembro-me de uma única ocasião, em Nebraska, em que uma simpática garçonete aproximou-se e sem fazer rodeios perguntou-me: "Sobre o que você está escrevendo? Posso ler?" Se eu não estivesse ali de passagem e com pressa, de bom grado eu a teria convidado para sentar e lhe oferecido minhas últimas quarenta páginas.

Ah, houve também uma vez no Rainbow Café, um bar que, por lei, só pode vender bebidas com até 3,2% de teor alcoólico, em Hill City, Minnesota. Um adolescente que jogava sinuca berrou em minha direção: "Ei, você escreve mais rápido do que eu penso." E de novo, mais tarde: "Se continuar assim, amanhã a cidade inteira virá aqui assistir." Sempre ria, responda, seja agradável.

Faça uma lista dos cafés, restaurantes e bares em que você já esteve. Inclua detalhes se quiser. Veja onde vai dar. Seja específico.

> Terry's Cafe, em Dakota do Sul, onde escrevi os cartões-postais para meus amigos em Minnesota. "Caro Phil: Estou em Dakota do Sul, a caminho do Novo México. É final de julho. Adorei seu chalé no St. Croix. Não se esqueça de mim. Desculpe ter ido embora. Estou comendo uma salada de vagem enlatada e biscoito de água e sal."
>
> Costa's Coffee Shop, em Owatonna, Minnesota, em frente ao banco do Louis Sullivan. Os móveis cor-de-laranja e as saladas gregas com muito óleo.
>
> Snyder's Drugstore, onde Jim me contou que adorava sanduíche de presunto. (...)

Só mais uma observação: não deixe de tentar escrever em lavanderias.

O estúdio do escritor

Se você quer um lugar para escrever, arrume um lugar. Não faça disso uma superprodução. Se não houver nenhum vazamento e tiver janela e aquecedor para o inverno, então é só levar mesa, estante, cadeira macia e começar a escrever. Muita gente acha que é preciso pintar as paredes, comprar enfeites, uma escrivaninha especial, reformar o estofado da cadeira, pagar marceneiro para fazer prateleiras de nogueira, conseguir um tapete deslumbrante. "Afinal, este é meu cantinho especial."

Acaba sendo mais um truque para não escrever. Tive amigos que criaram espaços perfeitos e depois não suportavam entrar no lugar. Sentiam-se mais à vontade escrevendo na mesa da cozinha. É difícil estar num ambiente sofisticado e ter de encarar as nossas próprias imperfeições, trazidas à tona pela escrita. Construímos esses lugares para ter silêncio e depois sentimos vontade de escrever em cafés barulhentos e caóticos. Muitos de nós fazemos jardins lindos e organizados no verão para depois desejar estar na floresta, em meio a árvores caídas, insetos e aparente desordem. É comum encontrar, no estúdio do escritor, livros abertos, pelo menos uma xícara esquecida de chá pela metade, papéis espalhados, pilhas de cartas a serem respondidas, um pacote de biscoito integral, sapatos debaixo da mesa, um relógio largado no chão com o ponteiro dos segundos quebrado.

Os mestres do Zen dizem que o ambiente reflete o nosso estado de espírito. Muitas pessoas têm medo do espaço e por isso tentam preencher cada milímetro do cômodo. É semelhante ao medo que nossa mente tem do vazio, o que a leva a constantemente provocar pensamentos e dramas. Mas acho que com o estúdio do escritor é diferente. Um pouco de bagunça é indício de uma mente fértil, é sinal de que ali há alguém ativamente engajado num processo de criação. Um estúdio perfeito sempre me dá a impressão de que a pessoa tem medo da própria mente e está transferindo, para o ambiente exterior, uma necessidade intrínseca de controle. A criatividade é justamente o contrário: é a perda de controle.

É bom criar um lugar para escrever e guardar nossas ferramentas de trabalho, mas devemos nos conhecer o bastante para não ficar perdidos na decoração de interiores. Lembro-me do primeiro estúdio que aluguei, pagando 75 dólares por mês. Era uma sala grande, no terceiro andar de uma casa. Tinha piso de madeira natural e três janelas. Com os donos em casa, tive de agradar o *dobermann* da família por três dias, para que ele me deixasse entrar quando ninguém estivesse. Mesmo assim, era muito importante para mim ter um lugar só meu para escrever, do outro lado da cidade. Isso significava que eu me levava a sério. Um ano antes, sofrera ao pagar 46 dólares num gravador, para treinar leitura de poesia em voz alta, e jamais pensaria em gastar dinheiro para comprar uma máquina de escrever elétrica. Conforme fui progredindo e meu compromisso se fortaleceu, fiquei mais disposta a investir dinheiro em escrever. Criar um espaço para escrever é outro indicativo de um compromisso maior.

Mas considere, por favor, que há apenas uma semana encontrei a escritora Meridel Le Sueur em Taos, Novo México, que com seus mais de oitenta anos escreveu numerosos romances, contos, livros de poesia. Ela disse que hoje não mora em lugar nenhum. Visita as pessoas, hospeda-se na casa delas, escreve em qualquer lugar. Acabou de voltar da Califórnia, em visita à filha, e agora pretendia ficar na casa de amigos em Taos, para escrever. Perguntou-me onde poderia adquirir uma máquina de escrever antiga por cerca de trinta dólares. Depois de terminar o trabalho, vai se desfazer da máquina, como faz em todo lugar que visita, para não precisar carregá-la até seu próximo destino. Que estúdio, que nada!

Um tópico importante: erotismo

Talvez você tenha um assunto importante sobre o qual sinta necessidade de escrever, como, por exemplo, "Amor e Erotismo". Diante de temas assim profundos, há sempre o risco de nos tornarmos filosóficos e abstratos, quase sempre prolixos e monótonos, e nunca nos aproximarmos do que realmente precisamos dizer. "Ah, sim, erotismo. Creio estar ligado aos instintos sexuais e ao comportamento (...)." Por dentro, enquanto escrevemos, nos sentimos meio nervosos, sem saber como chegar àquilo que queremos dizer e também com um pouco de medo de chegar lá. Relaxe.

Sempre comece olhando para si mesmo e deixe-se guiar. *Erotismo* é uma palavra difícil. Se ficar nervoso, observe o ambiente ao seu redor. Comece com algo simples e concreto – a xícara de chá sobre o pires, a fina fatia de maçã, a migalha do biscoito de chocolate nos seus lábios vermelhos. Às vezes é necessário começar bem longe para depois vir se aproximando em espirais, até chegar à resposta. Escrever é o ato da descoberta. Descubra qual é a sua relação com esse tópico e não a definição do dicionário.

"De onde venho?" – uma aluna do Novo México abordou essa questão durante um exercício cronometrado. Ela começou escrevendo sobre um acontecimento recente: a visita que fizera a uma amiga na maternidade. Descreveu a visita em detalhes e falou sobre o jantar de Ação de Graças que oferecera à amiga, ao marido e ao bebê. O tempo todo ela estava apenas ensaiando para tocar no assunto principal. De repente, largou o peru em cima da mesa de jantar, em Santa Fé, e partiu para o Brooklyn, para seu nascimento, para sua mãe. Não é sempre que podemos ir direto ao ponto. Às vezes precisamos de um tempo para chegar lá.

Katagiri Roshi dizia o seguinte com relação aos casais: "É preciso andar lado a lado, não frente a frente." É assim que devemos abordar o que queremos dizer: não com agressividade, batendo de frente, mas com jeito, obliquamente. Se você está excitado e começa a escrever sobre comer melão, mesmo que jamais mencione a palavra, leremos seu texto e também ficaremos excitados.

Mas isso não significa que você não possa ser mais ousado, se é essa a mensagem que quer transmitir a respeito do erotismo. Só digo que, se logo tirar a roupa e mergulhar no rio, poderá sentir muito frio. Você sairá da água dizendo: "É uma tarefa muito difícil para mim." Aborde a questão do erotismo lá da outra margem, completamente vestido, e vá nadando até cruzar o rio. Se for tirando a camisa e a calça devagar, enquanto nada, quando chegar à outra margem você estará nu – explicitamente erótico, como sempre quis ser, sem sentir mais tanto medo ou vergonha. No seu ritmo, você chegou lá; está em terra firme, na outra margem do rio. Nós nadamos junto com você. Estamos dispostos a ouvir tudo o que você disser. Agora vá em frente e se solte.

Você também pode tentar abordar um assunto complexo por outro ângulo. Divida o tópico em vários aspectos. Se a palavra *erotismo* o assusta ou inibe, torne a coisa mais intrigante. Tente o seguinte:

O que deixa você excitado?
Liste as frutas mais sensuais que conhece.
O que você come quando não está apaixonado?
Qual é a zona mais erógena do seu corpo?
"O corpo se transforma em paisagem." – Meridel Le Sueur

Você se liga em quê?
A primeira vez que você sentiu desejo.

Se não souber o que é erotismo, escreva como se soubesse. Tudo bem. Você tem dez minutos. Escolha uma das questões acima e escreva. Lembre-se de ser específico. Comece. Mantenha a mão em movimento. Não corrija.

Turista na sua própria cidade

Os escritores falam sobre coisas às quais as outras pessoas não prestam muita atenção. Coisas como a língua, o cotovelo, a água que sai da torneira, os vários tipos de caminhão de lixo que existem em Nova York, o roxo desbotado de uma placa numa cidadezinha qualquer. Sempre digo aos meus alunos do primário: "Por favor, chega de Michael Jackson, jogo de Atari, personagem de TV nos seus poemas." Eles já têm toda a atenção de que precisam, além de milhões de dólares em propaganda para garantir sua popularidade. A tarefa do escritor é dar vida ao que é comum, despertar-nos para a singularidade do simples existir.

Quando vivemos num mesmo lugar durante muito tempo, ficamos embotados. Não percebemos o que está à nossa volta. É por isso que viajar é tão emocionante. Estamos num lugar diferente e vemos tudo sob um novo prisma. Tenho uma amiga que mora em Nova York. A última vez que ela esteve no Empire State Building foi numa excursão na quinta série. Quando os amigos de Minnesota foram visitá-la, é lógico que quiseram conhecer o famoso arranha-céu. Ela ficou emocionada de subir no topo novamente, mas jamais teria ido até lá sozinha nem dado muita importância a isso.

O escritor é um turista do meio-oeste visitando Nova York pela primeira vez, mas sem sair de casa. Ele vê sua própria cidade com os olhos de um turista em Nova York. E assim também passa a ver sua vida. Mudei-me para Santa Fé há pouco tempo e, como não havia muitas oportunidades de trabalho como escritora, trabalhei meio período como cozinheira num restaurante da cidade. Acordando às seis da manhã de domingo para passar o dia inteiro preparando *brunch* para os fregueses, questionei o meu destino. Às oito estava ocupada cortando cenouras em diagonal, observando sua cor alaranjada e pensando comigo mesma: "Isso é mesmo muito profundo." Apaixonei-me pelas cenouras. "Então foi nisso que me transformei!", ria-me, "alguém que facilmente se contenta com tão pouco."

Aprenda a escrever sobre o comum. Preste homenagem às xícaras de café velho, aos pardais, aos ônibus da cidade, aos magros sanduíches de presunto. Faça uma lista de todas as coisas comuns que você lembrar. E vá aumentando a lista. Prometa a si mesmo que, antes de deixar a Terra, incluirá todos esses itens pelo menos uma vez num poema, num conto ou num artigo de jornal.

Escreva em qualquer lugar

Tudo bem. Seus filhos estão subindo no balcão para pegar a caixa de cereal. Você tem 1,25 dólar na conta bancária. Seu marido não acha o sapato, o carro não pega, você sabe que leva uma vida de sonhos não realizados. Tem a ameaça de um holocausto nuclear, tem o *apartheid* na África do Sul, está fazendo seis graus abaixo de zero lá fora, seu nariz está coçando e você não tem nem três pratos iguais para usar no jantar. Seus pés estão inchados, tem que marcar hora no dentista, soltar o cachorro, descongelar o frango e ligar para aquela prima em Boston. Está preocupada com o glaucoma da sua mãe. Esqueceu de colocar filme na máquina fotográfica. O atum enlatado está em oferta no supermercado. Tem aquela proposta de emprego que não chega. Acabou de comprar um computador e tem que desembalá-lo. Precisa parar de comer rosquinha e começar a comer couve. Sua caneta preferida sumiu e o gato fez xixi no seu caderno.

Pegue outro caderno e outra caneta e simplesmente escreva, escreva, escreva. Dê um passo à frente no mundo. Em meio a esse caos, tome uma atitude definitiva. Apenas escreva. Diga sim, fique vivo, esteja desperto. Apenas escreva. Apenas escreva. Apenas escreva.

No fim das contas, perfeição não existe. Se você quer escrever, tem que ir direto ao assunto e escrever. Não existe atmosfera, caderno, caneta nem mesa perfeita. Portanto, aprenda a ser flexível. Experimente escrever em circunstâncias diferentes e em lugares diferentes. Experimente trabalhar no trem, no ônibus, na mesa da cozinha, encostado numa árvore sozinho na mata, na beira do riacho com os pés na água, no deserto sentado numa pedra, no meio-fio da calçada em frente à sua casa, na varanda, no degrau da entrada de uma loja, no banco traseiro do carro, na biblioteca, no balcão de um restaurante, num beco, na agência da Previdência Social, na sala de espera do dentista, na mesa do bar, no aeroporto, no Texas, no Kansas ou na Guatemala, enquanto bebe Coca-Cola, fuma um cigarro, come *bacon*, alface e sanduíche de tomate.

Recentemente estive em Nova Orleans e visitei um cemitério no qual as sepulturas ficavam acima do chão, por causa do nível da água. Levei meu caderno, sentei no cimento, recostei-me sob a estreita sombra de uma lápide, naquele calorão da Louisiana, e comecei a escrever. Depois de uma hora olhei para cima novamente. Pensei comigo: "Que perfeição!" Não eram as acomodações físicas que eram perfeitas; quando estamos totalmente concentrados em escrever, o local não faz diferença: é sempre perfeito. Saber que somos capazes de escrever em qualquer lugar transmite-nos uma forte sensação de autonomia e segurança. Quem quer mesmo sempre encontra uma maneira de escrever, aconteça o que acontecer.

Obrigue-se a ir além sempre que achar que já disse o que tinha que dizer. Prossiga um pouco mais. Às vezes, quando você pensa que acabou, está prestes a começar. Talvez seja por isso mesmo que damos a tarefa por encerrada. Começa a ficar muito assustador. Estamos tocando em algo muito real. É depois daquele ponto em que você acha que acabou que geralmente surge algo forte.

Lembro-me de uma aluna que perdeu a mãe, vítima de câncer. Ela escreveu uma página inteira sobre o assunto – numa prosa simples e de qualidade – e então parou. Quando leu esses textos em sala de aula, tive a impressão de que havia algo mais a dizer e lhe falei sobre isso. Ela sorriu e respondeu: "Bem, os dez minutos acabaram." Escreva até o décimo primeiro minuto se for preciso. Sei que pode ser assustador e pôr a perder seu controle, mas garanto que você alcançará a outra margem e sairá dessa cantando. Talvez chore um pouco antes de cantar, mas tudo bem. Apenas mantenha a mão em movimento conforme for sentindo essas emoções. Meus melhores textos são geralmente escritos com o coração em pedaços.

Quando dou aulas de redação para jovens, é comum vê-los produzir contos com tramas complicadíssimas. Em vez de se esforçar para resolver o enredo, preferem usar o truque do "daí eu acordei!" Quando você insiste em não ir até o fim e chegar a uma conclusão mais profunda no texto, não está acordando de um sonho, mas levando o pesadelo para a rua. Escrever é uma ótima oportunidade para nadar em busca da liberdade.

Mesmo que já *tenha* se esforçado e sinta que finalmente chegou lá, esforce-se para ir um pouco além. Se subiu, tente ficar em cima da onda o máximo que puder. Não pare no meio. Esse momento jamais voltará a se repetir, e você demorará muito mais para finalizar o texto mais tarde do que para concluí-lo agora.

Dou este conselho com base tão-somente na experiência. Vá além do que acha que consegue ir.

Despertando compaixão

Neste exato momento estou numa ilha grega: o mar Egeu, os quartinhos baratos na praia, os mergulhos sem roupa, as pequenas tavernas onde você pode sentar sob o bambu seco e bebericar *ouzo*, saborear um polvo, assistir ao pôr-do-sol maravilhoso. Tenho trinta e seis anos e minha amiga, que me acompanha na viagem, tem trinta e nove. É a primeira visita de ambas à Europa. Absorvemos tudo a nosso redor, mas somente até certo ponto, pois estamos sempre, sempre tagarelando. Conto-lhe da minha apresentação de balé aos seis anos de idade, vestida de tutu cor-de-rosa; do meu pai, sentado na primeira fila, caindo no choro ao me ver no palco. Ela me conta da vez em que seu marido, aluno de colégio católico em Nebraska, chegou atrasado para o espetáculo em que era o ator principal e encontrou todas as outras crianças, a mando das freiras, de joelhos rezando para que ele aparecesse.

Na terça-feira decido que preciso ficar sozinha. Quero andar à toa e escrever. Todo o mundo tem um grande medo na vida. O meu é a solidão. Obviamente, o nosso maior medo é sempre aquele que devemos vencer em primeiro lugar para concretizarmos nossos sonhos. Sou escritora. Os escritores passam um tempão trabalhando sozinhos. Além disso, numa sociedade como a nossa, ser artista é ser solitário. Todas as outras pessoas saem de casa de manhã para trabalhar em seus empregos estruturados. Os artistas ficam de fora desse sistema social inflexível.

Então escolhi passar o dia sozinha porque estou sempre querendo forçar os meus limites. É meio-dia, está fazendo muito calor. Não pretendo ir à praia e tudo está fechado para o almoço. Começo a pensar sobre o que estou fazendo da minha vida. Sempre que me vejo desorientada ou insegura comigo mesma, costumo questionar toda a minha existência. Torna-se muito doloroso. Para acabar logo com isso, digo a mim mesma: "Natalie, você se programou para escrever. Agora escreva. Não interessa se está se achando louca ou se sentindo sozinha." E então começo. Escrevo sobre a igrejinha aqui perto, o barco no cais, a minha mesa no café. Não é muito divertido. Estou imaginando a que horas minha amiga voltará. Ela não veio no barco das cinco.

Não sei falar grego. Estou completamente sozinha e percebo meu ambiente com muito mais clareza. Na mesa ao lado, quatro velhos tiram o comprido fio ao longo de cada uma das vagens que se amontoam em cima da mesa. O que está sentado de frente para o mar discute com o que está à sua esquerda. Uma senhora de preto, próxima ao cais, abaixa-se para puxar a longa meia. Caminho até uma praia que não conhecia. Começo a ler *As verdes colinas da África* sentada num bar na areia enquanto o sol se põe. Vejo que há uma taverna vendendo atum fresco. Estou tentando me conectar com o ambiente exterior. Sinto muita falta da minha amiga, mas, através do pânico, estabeleço uma proximidade com a areia, com o sol, com a minha vida. Vou andando de volta pela praia.

Quando passeamos em Paris, minha amiga tem medo de se perder e se sente apavorada. Eu não tenho esse medo. Se me perder, me perdi. Só isso. Olho no mapa e encontro o caminho. Até gosto de vagar pelas ruas parisienses sem saber exatamente onde estou. Da mesma maneira, tenho necessidade de vagar pelo campo da solidão para aprender a apreciá-la. Assim, quando a solidão bater, abrirei meu mapa e encontrarei o caminho certo, sem pânico, sem precisar discutir o vazio existencial do mundo, questionando tudo – "Por que eu deveria ser escritora?" – e empurrando a mim mesma para o precipício.

Portanto, quando escrevemos e partimos de uma página em branco, com o coração indeciso, com fome de idéias, com medo de não sentir nada – simplesmente comece a partir daí, dessa eletricidade. Esse modo de escrever não é controlado, não sabe onde está o resultado, surge da ignorância e das trevas. Mas, quando encaramos essas coisas, escrevemos a partir desse lugar, algo em nós finalmente se rompe e nos abrimos para o mundo, tal como ele é. Desse turbilhão de medo, nascerá uma voz narrativa autêntica.

Quando estive em Paris, li *Trópico de Câncer*, de Henry Miller. No penúltimo capítulo, o autor se queixa de seu emprego de professor de inglês numa escola em Dijon, na França, que ele não pode largar; das estátuas mortas e dos alunos, futuros dentistas e engenheiros; do inverno gelado e da cidade que não se cansa de produzir tanta mostarda. Ele está furioso por ter que estar naquele lugar. Então, bem no final do capítulo, ele se senta do lado de fora do portão do colégio, tarde da noite, em plena paz, entregando-se ao momento presente, ciente de que nada é bom ou mau, simplesmente vivendo.

Escrevendo a partir da dor, despertaremos no leitor compaixão por nossa vidinha vivida às cegas. Desses estilhaços surgirá uma ternura pelo cimento sob nossos pés, pela grama seca estalando ao vento forte. Podemos tocar as coisas cotidianas que outrora julgávamos feias e assim conhecê-las em sua singularidade, com a tinta descascada e o cinza das sombras, exatamente como são: nem boas nem ruins, mas parte da vida. E amar esta vida porque ela é nossa e porque, no momento, não há nada melhor.

Dúvida é tortura

Um amigo meu estava planejando mudar-se para Los Angeles na esperança de entrar para o mundo da música. Ele era músico e compositor e aquele era o momento de correr atrás de seus sonhos. Katagiri Roshi disse-lhe o seguinte: "Bom, se está mesmo decidido a ir, vejamos qual é sua atitude."

"Darei o melhor de mim. Acho que está na hora de arriscar; se não der certo, não deu. Aceitarei e pronto."

Roshi respondeu: "Essa atitude não está correta. Se alguém o derruba, você se levanta. Se alguém o derruba de novo, você se levanta. Não importa quantas vezes o derrubem, levante-se novamente. É pensando assim que você deve ir."

O mesmo ocorre com o texto. Para cada livro que faz sucesso, devem existir milhares que nem chegam a ser publicados. Mesmo assim é preciso ir em frente. Se quiser escrever, escreva. Se aquele livro não foi publicado, escreva outro. Você produzirá textos cada vez melhores, pois terá ainda mais experiência acumulada.

Todo mês estou pronta para parar de escrever. Meu diálogo interior é mais ou menos assim: "Isso é ridículo. Não estou ganhando dinheiro, ninguém faz carreira com poesia, as pessoas não dão a mínima, é uma atividade solitária, eu detesto, é idiota, quero uma vida normal." Esses pensamentos me torturam. A dúvida tortura. Quando nos entregamos plenamente a alguma atividade, identificamos com mais facilidade a hora certa de parar. É um teste constante de perseverança. Às vezes, dou ouvidos a essas incertezas e desvio um pouco do meu caminho. "Acho que vou para a área de vendas, abrir um café onde outros escritores poderão sentar-se para escrever e tomar *cappuccino*, ou então me casar, ter filhos, virar dona-de-casa e preparar deliciosas receitas de frango para o jantar."

Não dê crédito à dúvida. Ela não leva a lugar algum, somente à dor e à negatividade. O mesmo faz aquele seu crítico interior que o perturba quando você está tentando escrever: "Que besteira! Não diga isso. Quem você pensa que é, tentando ser escritora?" Não preste atenção a essas vozes. Elas não trazem nada de útil. Em vez disso, tenha carinho e determinação para com o seu texto, senso de humor e a profunda paciência de quem está fazendo a coisa certa. Fuja daquele ratinho mordaz da dúvida. Enxergue mais longe, reconheça a grandiosidade da vida e acredite no tempo e na prática.

Um docinho

Segundo a tradição judaica, quando um menino inicia seus estudos, quando lê sua primeira palavra na Torá, oferecem-lhe mel ou outra coisa doce. Dessa forma, ele sempre associará aprendizado com doçura. Assim deveria ser com escrever. Desde o começo, saiba que escrever é bom e prazeroso. Não lute contra isso. Faça dessa prática uma amiga.

E ela *é* mesmo sua amiga. Jamais o abandonará, mesmo que você tantas vezes a abandone. O processo de escrever é uma fonte inesgotável de vida e de energia. Às vezes, quando chego em casa do trabalho, triste e confusa, digo para mim mesma: "Natalie, você sabe o que tem que fazer. Tem que escrever." Se estou com a cabeça no lugar, obedeço. Mas, se estou numa fase destrutiva ou de muita preguiça, não dou atenção, e a tristeza continua. Porém, quando realmente escuto, tenho a oportunidade de olhar para minha própria vida, e isso sempre me acalma e me faz sentir novamente em contato comigo mesma. Ainda que escreva sobre os detalhes do engarrafamento daquela manhã na via expressa, revivê-los geralmente me traz uma sensação de paz e de afirmação: "Sou um ser humano; acordo de manhã; dirijo na via expressa."

Gore Vidal tem uma frase maravilhosa: "Como todo autor – e todo leitor – sabe, escrever bem é a melhor viagem que existe." Nem se preocupe em escrever "bem". Só escrever já é delicioso.

Outro momento

Katagiri Roshi costumava dizer: "Tenha coragem de saltar de uma altura de 30 metros." Dá um pouco de medo, não? Quando finalmente chegamos ao topo, que já é bem precário, não podemos ficar. Temos que dar um passo adiante e saltar. Em outras palavras, não podemos nos contentar com o sucesso. Nem com o fracasso. "Escrevi uma coisa magnífica." Ótimo, mas agora é outro momento. Escreva algo diferente. Não se deixe abalar pelas suas conquistas ou pelas suas derrotas. Siga em frente em quaisquer circunstâncias. Isso o manterá vivo e sadio. Na verdade, você não tem certeza se cairá ao saltar daquela altura de 30 metros. Pode ser que você saia voando. Nem uma coisa nem a outra são garantidas. Simplesmente continue escrevendo.

As tulipas florescem na primavera sem razão nenhuma. Claro que você plantou as mudas e claro que a Terra está mais quente nessa época do ano. Mas por quê? Porque a Terra gira em volta do sol. E por quê? Por causa da gravidade. Por que a gravidade? Por nada. E por que você plantou mudas de tulipa vermelha, para começo de conversa? Pela beleza, que basta por si só e não precisa de motivo. Portanto, o mundo é vazio. As coisas sobem e descem sem nenhuma lógica. Veja que oportunidade incrível! Você pode começar a escrever novamente a qualquer momento. Esqueça suas derrotas e agora escreva algo adorável. Ou algo detestável que você adore.

Tony Robbins, que ensina em suas oficinas a andar sobre carvão em brasa a 650 °C, contou a história de um certo contrato que precisava ser assinado. Sempre que programava uma oficina naquela determinada cidade, Tony ouvia seu cliente reclamar do preço, do horário, de tudo. Dessa vez ele estava decidido a mudar a energia daquela negociação. Comprou uma pistola d'água, encheu e guardou no bolso do seu terno de mil dólares. Quando a questão do dinheiro veio à tona, ele tirou a pistola de brinquedo do bolso e começou a espirrar água na cara do cliente, sentado do outro lado de sua grande mesa no décimo andar de um edifício comercial. Este ficou tão surpreso que começou a rir. Imediatamente percebeu que aquela discussão se repetia ano após ano, sacou a caneta e assinou o contrato. Cada momento é um momento novo. Só porque ninguém jamais usou uma pistola d'água numa reunião de negócios antes não significa que exista uma regra proibindo seu uso.

Vença já suas resistências e escreva algo bom. Agora. Este é um novo momento.

Por que escrevo?

"Por que escrevo?" Boa pergunta. Faça essa pergunta a si mesmo de vez em quando. Nenhuma resposta será capaz de fazê-lo desistir de escrever e, com o tempo, você verá que já se deu todas as respostas possíveis.

1. Porque sou uma besta.
2. Porque quero impressionar os rapazes.
3. Para agradar minha mãe.
4. Para contrariar meu pai.
5. Pois ninguém me ouve quando falo.
6. Para incitar uma revolução.
7. Para escrever o maior romance americano de todos os tempos e ganhar um milhão de dólares.
8. Porque sou neurótica.
9. Porque sou a reencarnação de William Shakespeare.
10. Porque tenho algo a dizer.
11. Porque não tenho nada a dizer.

Baker Roshi, do San Francisco Zen Center, disse: "'Por quê?' não é uma boa pergunta." As coisas simplesmente são. Hemingway afirmou: "Não o porquê, mas o quê." Dê-nos as informações detalhadas. Deixe o "porquê" para os psicólogos. Basta saber que você quer escrever. Escreva.

Mas vale a pena explorar essa pergunta, não para encontrar uma única resposta definitiva, mas para você perceber como escrever traz respostas à sua vida. Escrever não é terapia, mas pode ter um efeito terapêutico. Não é que você deixa de escrever quando descobre que escreve por carência afetiva, como acontece na terapia, por exemplo, quando você simplesmente pára (se tiver sorte) de devorar suas barras da Hershey's e de se entupir de calda quente ao descobrir que usa o chocolate como substituto do afeto. Escrever é mais profundo do que terapia. Você escreve *através* da dor. Até mesmo o sofrimento deve ser colocado no papel e liberado.

Nas aulas de redação, coisas dolorosas vêm à tona – a morte de um marido, as cinzas de um bebê morto sendo lançadas no rio, uma mulher que fica cega. Quando os alunos lêem os textos que acabaram de produzir, digo-lhes que podem chorar se tiverem vontade, mas devem continuar a leitura. Fazemos uma pausa no final de cada leitura e, em seguida, começamos outra, não porque ignoramos o sofrimento daquele aluno, que todos reconhecem, mas porque o objetivo ali é escrever. É a oportunidade de tocar essas emoções tantas vezes sentidas e dar-lhes luz, cor, enredo. Podemos transformar a raiva em tulipas de um vermelho diáfano; e a tristeza, num antigo beco, cheio de esquilos, na meia-luz de novembro.

Escrever tem muita energia. Se você encontra uma razão para isso, qualquer razão, parece que, em vez de anular o ato de escrever, ela o faz alcançar mais profundidade e mais clareza no papel. Pergunte a si mesmo "por que escrevo?" ou "por que quero escrever?", mas não se dê tempo de pensar. Pegue papel e caneta e responda com frases claras e diretas. Estas não precisam ser cem por cento verdadeiras e uma pode contradizer a outra. Vale até mentir, se necessário, só para não perder o ritmo. Se não souber por que escreve, responda como se soubesse.

> Por que escrevo? Escrevo porque mantive a boca fechada a vida inteira e a verdade secreta do ego é que quero

viver eternamente e quero que meu povo viva para sempre. Magoa-me a nossa impermanência, a passagem do tempo. No limite de toda a minha felicidade insinua-se a agonia de saber que tudo passará – este Croissant Express na esquina da avenida Hennepin em Minneapolis, uma grande cidade no centro-oeste da mítica América, um dia deixará de me servir chocolate quente. Vou me mudar para o Novo México, onde ninguém sabe como é estar aqui, com a repentina luz da tarde, este teto prateado, o vago cheiro dos *croissants* assando no forno.

Escrevo porque sou sozinha e ando pelo mundo sozinha. Ninguém saberá o que passou por mim e, o que é ainda mais impressionante, nem eu sei. Agora que estamos na primavera não consigo me lembrar de como é estar a quatro graus negativos. Mesmo com o aquecedor ligado, dava para ouvir a mortalidade gritando através das paredes finas da casa.

Escrevo porque sou louca e esquizofrênica; sei disso, aceito essa condição e tenho que fazer alguma coisa além de me internar no hospício.

Escrevo porque há histórias que os outros esqueceram de contar, porque sou uma mulher tentando encontrar um lugar na vida. Escrevo porque articular uma palavra com os lábios e a língua, ou pensar numa coisa e então ousar colocá-la no papel para que não se possa apagar o que foi dito, é o gesto mais poderoso que conheço. Estou tentando despertar, mapear as distâncias dos meus recônditos mais escondidos e revelá-las ao mundo, dando-lhes cor e forma.

Escrevo em face da total incompreensão de que nem mesmo o amor seja suficiente e de que, no final, talvez escrever seja tudo o que tenho e não seja suficiente. Nunca consigo pôr tudo para fora e, além do mais, há momentos em que preciso me afastar da mesa, do caderno e olhar para minha própria vida. E há outros em que é somente no caderno que realmente encaro a vida.

E escrevo por mágoa e para aprender a superar a mágoa, para fortalecer-me e voltar para casa, a única casa talvez que um dia terei.

Esse texto foi escrito no Croissant Express, em abril de 1984. Se fosse hoje, minha resposta teria sido diferente. Escrevemos no momento e retratamos o pensamento, a emoção e o ambiente presentes naquele determinado momento. Não significa que um texto seja mais verdadeiro do que o outro – ambos o são.

Quando aquele velho chato que existe dentro de você começar a perguntar "Para que perder seu tempo? Por que ficar aí escrevendo?", simplesmente mergulhe no texto – armado de todas as suas respostas –, mas não tente justificar-se. Por que escrever? Porque sim. Porque você quer melhorar sua caligrafia, porque você é um idiota, porque você é louco pelo cheiro do papel.

Toda segunda-feira

No inverno passado, minha querida amiga Kate e eu escrevíamos juntas toda segunda-feira. Começávamos às nove da manhã e trabalhávamos até duas, três da tarde. Às vezes ela vinha com uma idéia: "Vamos escrever sobre divisões. Pode ser? Uma hora direto." Já que éramos só nós duas, no final da sessão cada uma lia em voz alta tudo o que havia escrito. E não era pouco, com as mãos trabalhando sem parar.

Experimentamos também escrever em diversos cafés. Uma vez fomos até Owatonna, Minnesota, a uma hora de carro, porque queria mostrar-lhe o banco projetado por Louis Sullivan pelo qual eu estava apaixonada. Ficamos escrevendo na cafeteria do outro lado da rua. Eu estava desempregada, atrás de trabalho. Ela vivia à custa de uma bolsa para escritores.

Estou contando isso porque é uma coisa importante. Comprometemo-nos a escrever, durante um dia inteiro toda semana, porque sabíamos a importância de escrever, compartilhar e cultivar a amizade. E isso acontecia na segunda-feira, o primeiro dia útil da semana. Lembre-se disso. Lembre-se de mim e de Kate na segunda-feira sempre que pensar que ganhar dinheiro é a única coisa que vale a pena na vida e achar-se preocupado com isso.

Quando passei três meses em Jerusalém, fui inquilina de uma senhora israelense, já nos seus cinqüenta anos. A televisão quebrou e ela chamou o técnico. Este precisou fazer quatro visitas para consertar a tela da TV. "Mas a senhora já sabia qual era o problema antes mesmo de ter chamado o técnico. Ele poderia ter trazido o tubo certo e consertado na mesma hora." Ela olhou-me admirada. "Sim, mas desse jeito não teríamos feito amizade, sentado para tomar chá e conversado sobre o andamento do conserto." É claro, o objetivo não era consertar o aparelho e sim desenvolver um relacionamento.

É bom se lembrar disso. A importância não está somente no fazer – "Estou escrevendo um livro" –, mas no como fazer, na abordagem, no valor que damos às coisas.

Minha vizinha de cima certa vez me falou: "Natalie, você se relaciona com tudo, não apenas com as pessoas. Você se relaciona com a escada, com a sua varanda, com o carro, com os milharais, com as nuvens." Somos parte de tudo o que existe no mundo. Quando compreendermos esse fato, veremos que não estamos escrevendo, e sim deixando que todas as coisas escrevam através de nós. Kate e eu escrevíamos uma através da outra, através das segundas-feiras, através das ruas, dos cafés que bebíamos. É como misturar uma tinta na outra.

Existem muitas realidades. Devemos nos lembrar disso sempre que estivermos muito preocupados com o modo de viver do resto do mundo, ou com o que imaginamos ser esse modo de viver. O que existe é somente a nossa vida, a nossa vontade de escrever, a nossa vontade de tocar a chuva, a mesa, a música, os copos descartáveis e os pinheiros.

Um bom aquecimento é escrever durante dez minutos, começando com "Sou amigo de...", listando apenas seres inanimados. Isso ajuda a trazer todas essas coisas para o âmbito da nossa vida. A torradeira, a estrada, as montanhas, o meio-fio, tudo isso vive conosco também. Fazer esse exercício e escrever ao lado de um amigo nos lembra da importância de abandonar o "eu" sempre que nos vemos muito presos dentro de nós mesmos.

Ainda sobre a segunda-feira

Quero falar mais sobre essas segundas-feiras com Kate. Certa vez, combinamos de escrever na casa dela, o marido dormindo no andar de cima, as crianças na creche, um aquecedor em cima da mesa de massagem – que, aliás, não ajudou muito as minhas mãos geladas. Fumamos um cigarro após o outro, sem tragar, apenas "brincando de fumar". Kate usava um cachecol em volta do pescoço, assim como se faz em Nova York.

Conversamos sobre nossas vozes narrativas – sobre o fato de sermos tão fortes e corajosas como autoras e tão medrosas como pessoas. É isso que cria a nossa loucura. O abismo que existe entre o grande amor que sentimos pelo mundo quando sentamos e escrevemos sobre ele e o desprezo que lhe dispensamos no âmbito de nossa própria vida humana. É como Hemingway, que escrevia sobre a enorme paciência de Santiago em seu barco de pesca, mas, assim que punha o pé fora do escritório, maltratava a esposa e enchia a cara. Precisamos começar a unir esses dois mundos. A arte é o ato da não-agressão. Devemos vivenciar essa arte na nossa vida cotidiana.

Kate e eu passamos quase o dia todo conversando – foram apenas duas sessões de vinte minutos escrevendo e um belo poema de Kenneth Rexroth, mas tudo bem. O dia inteiro foi um belo poema. A amizade, o pé gelado, a hora de alimentar o gato, o cinzeiro cheio de bitucas de cigarro. Se fôssemos espertas, teríamos continuado até a noite, quando nos separamos e nos isolamos cada uma em seu mundo individual.

Disse Katagiri Roshi: "Nosso objetivo é ter uma consideração gentil por todos os seres sencientes, a todo momento, para todo o sempre." Isso não significa produzir um lindo poema no papel e depois maldizer a vida, reclamar do carro e fechar outro motorista na via expressa. Significa, sim, tirar o poema de cima da mesa e levá-lo para a cozinha. É assim que sobreviveremos como escritores, independentemente do pouco dinheiro que ganhamos ou da pouca aceitação que recebemos das revistas. Não escrevemos em busca de dinheiro ou de aceitação – embora fosse bom ter as duas coisas.

Escrevemos porque amamos o mundo – esse é o maior segredo que guardamos no fundo do coração. E por que não trazer esse segredo, e nós mesmos, para as salas e varandas, quintais e mercearias? Permita que a coisa floresça como um todo: o poema e a pessoa que escreve o poema. E que sejamos sempre bondosos neste mundo.

Barraquinhas de poesia instantânea

Não fique de fora quando a sua escola, igreja, centro zen ou a creche de seus filhos promoverem bazares, festas, feiras. Não pense que não pode contribuir. Simplesmente monte uma barraquinha de poesia instantânea. Você só precisa de um bloco de papel, algumas canetas de escrita rápida, uma mesa, uma cadeira e uma placa dizendo "Poemas sob medida" ou "Poemas na hora" ou "Você escolhe o assunto e eu escrevo".

Fiz isso por três anos durante o Festival e Bazar de Verão do Minnesota Zen Center. Comecei timidamente, cobrando cinqüenta centavos por poema. No ano seguinte, porém, subi para um dólar. Tinha fila o dia inteiro. Deixava que os fregueses me dessem o tema. Alguns falavam "sol", "vazio", "Minnesota" e, claro, "amor". As crianças pediam poemas sobre o roxo, o sapato, a barriga. Minha regra era preencher um lado de uma folha de papel de tamanho padrão, sem riscar e sem parar para reler. Também não me preocupava em escrever em versos. Preenchia a página como costumava fazer no meu caderno. Era mais uma maneira de praticar redação.

No Japão, conta-se que grandes poetas zen-budistas escreviam haicus maravilhosos e depois os colocavam numa garrafa, que lançavam num rio ou num córrego qualquer. Para o escritor, trata-se de um notável exemplo de desprendimento. A barraquinha de poesia instantânea é o equivalente disso no século XX. É um exercício de negação da importância pessoal. Escreva, não releia, deixe o poema vir ao mundo. Em diversas ocasiões, senti que havia realmente acertado o ponto do texto, mas simplesmente entregava o papel ao freguês do outro lado da mesa e ia em frente.

Chögyam Trungpa afirmou que é preciso ser um grande guerreiro para ser um homem de negócios. É preciso ser destemido e estar disposto a perder tudo a qualquer momento. A barraquinha de poesia nos oferece a oportunidade de ser esse grande guerreiro: ao escrever, devemos nos desapegar de tudo e então entregar o texto ao freguês. Trabalhar nessa velocidade implica uma real perda de controle. Sempre acabava dizendo muito mais do que pretendia. Meu medo era uma criança pedir-me que escrevesse um poeminha sobre jujubas e eu desatar a falar sobre como o estômago pode ficar verde, vermelho ou azul dependendo da jujuba que você come.

Mas jamais devemos subestimar as pessoas. Todos apreciam o golpe da verdade. A barraquinha fez muito sucesso. Embora a sociedade americana particularmente não prestigie seus poetas e escritores, existe uma dose de fantasia e respeito velados envolvendo o ato de escrever. Dez anos atrás, quando morava em Taos, no Novo México, aluguei uma casinha de adobe, caindo aos pedaços, pagando cinqüenta dólares por mês. O proprietário, que detestava o casebre onde nascera trinta e seis anos atrás, era agora um emergente corretor de seguros de classe média em Albuquerque. Debochava de todos que escolhiam viver naquele ambiente. Eu tinha pela casa um zelo típico de quem vem de outro lugar. Não me importava que o banheiro ficasse do lado de fora, que só houvesse uma única torneira de água fria ou que o fogão fosse de lenha. Várias vezes tentei ser simpática com o proprietário, quando ele vinha da cidade grande dirigindo seu carrão, mas nunca funcionou. Vivíamos em dois mundos diferentes.

Um dia recebi um envelope bem grosso enviado por ele, em remessa especial. Logo pensei: "Xi, vai aumentar o aluguel." (Pois, a cada reforma que eu fazia, o aluguel subia.) Quando abri o envelope, a primeira coisa que vi foi uma reportagem recortada do jornal local sobre a leitura de poesia que eu fizera uma semana antes. Na mesma hora concluí: "Ai, ai, vou ser despejada." Mas então encontrei uma carta de Tony Garcia que dizia assim: "Prezada Natalie, vejo que você é poeta. Anexos estão vinte e cinco poemas que escrevi nos últimos dez anos. Por gentileza, leia-os no seu próximo evento." Jamais me passou pela cabeça usar a poesia para me aproximar dele!

Um ano atrás, um rapaz de São Francisco enviou-me uma carta contando que ficara muito confuso e havia se alistado na Guarda Costeira. Ele levou somente duas coisas a bordo: fotos da família e o poema que eu lhe escrevera três anos antes, no bazar em Minnesota. Agora ele dizia que estava bem, trabalhando com informática. Perguntou-me se eu estava sem grana, pois, se fosse o caso, adoraria me mandar algum dinheiro. Na carta, também contou que sempre guardava o poema dobrado dentro da carteira.

Para ser sincera, não tenho a mínima idéia do que escrevi naquele poema, mas espero que tenha dito algo de bom sobre os imensos bordos pendendo em cima de nossas cabeças naquela tarde, sobre a luz refletindo no lago do outro lado da rua, o som dos patins, a melodia distante de um saxofone, e sobre como foi gostoso passar aquele verão em Minnesota.

Montar uma barraquinha de poesia é um excelente exercício de desapego. Desapegue-se totalmente. De agora em diante, permita-se ser escritor por inteiro.

Quando quiser escrever numa determinada forma – romance, conto, poema –, leia o máximo de textos que puder nessa forma. Observe o ritmo. Qual é a primeira frase? O que confere acabamento ao texto? Quando lemos repetidamente o mesmo gênero literário, este se impregna em nós. Assim, quando nos sentamos para escrever, já criamos dentro dessa estrutura. Por exemplo, se você é poeta e deseja escrever um romance, deve aprender a produzir orações completas e não mais saltar de uma imagem para outra. Ao ler um romance, seu corpo digere frases inteiras, acompanha a mão firme que descreve as cenas, sabe a cor da toalha da mesa e como o autor movimenta seu personagem pela sala em direção à cafeteira.

Se seu desejo é escrever poemas breves, você precisa digerir essa forma e então praticá-la. Faça esta experiência: escreva uma seqüência de dez poemas curtinhos. Você tem somente três minutos para criar cada poema, que deve ter três linhas cada um. Comece dando um título, que deve ser inspirado pela primeira coisa que você vir pela frente, por exemplo o vidro, o sal, a água, o reflexo de luz, a janela. Três linhas, três minutos, o primeiro título é "Vidro". Sem pensar, escreva três linhas rápidas. Faça uma pausa. Comece outro. Três minutos, três linhas, o título é "Sal". Continue assim até que essa estrutura de pensamento breve esteja internalizada dentro de você, até sentir que pode recorrer a ela sempre que precisar. Nos poemas curtos, principalmente, todas as palavras são usadas com parcimônia. Além disso, o título deve imprimir uma nova dimensão ao poema e não apenas repetir uma palavra já mencionada no corpo exíguo do texto.

Tony Robbins, que caminha sobre o fogo, acredita que, quando se quer aprender algo, o melhor é procurar um especialista, alguém que já investiu trinta anos de sua vida naquilo, e aprender com ele. Estude seus sistemas de crenças, sua sintaxe mental – a ordem de seus pensamentos – e sua fisiologia; observe a postura, a respiração, o movimento que ele faz com a boca quando está desempenhando seu ofício. Em outras palavras, tome-o como modelo. Assim, ao partir uma madeira ao meio, você deixa de ser você mesmo e torna-se o faixa-preta de caratê que lhe serviu de modelo. Com isso, sua mão não pára ao tocar na madeira, passa através dela.

Tudo isso é muito bom, mas também é muito traiçoeiro. A forma, por si só, não cria a arte. Por exemplo, aprendemos que o haicu é uma forma de poema curto japonês. Tem dezessete sílabas, divididas em três linhas. Quase sempre versa sobre a estação do ano ou algum elemento da natureza. No primário, todas as crianças americanas aprendem a escrever poemas de três linhas, mas não podemos dizer que sejam haicus. Se ler as obras de Basho, Shiki, Issa, Buson, quatro dos maiores mestres do haicu, na boa tradução de R. H. Blyth, você verá que, na verdade, as suas traduções nem sequer obedecem à mesma forma de dezessete sílabas, com cinco sílabas na primeira linha, sete na segunda e cinco na terceira. O japonês é uma língua muito diferente do inglês. Uma sílaba em japonês tem muito mais peso do que em inglês. Portanto, para produzir um haicu em língua inglesa, basta usar três linhas curtas. "Tudo bem. Entendi. Já estudei as traduções de Blyth. No haicu são três linhas breves e não precisa contar as sílabas." Sim, mas então o que faz dele um haicu e não simplesmente um poema curto?

Quem já leu bastante esse tipo de poesia sabe que ocorre uma espécie de salto, um momento em que o poeta dá um enorme pulo e obriga a mente do leitor a acompanhá-lo. Isso cria uma leve sensação de espaço na mente do leitor, que nada mais é do que o sentimento momentâneo da presença de Deus. Quando experimentamos isso, há sempre um "Ahh" querendo sair de nossos lábios. Leia os seguintes haicus, traduzidos por R. H. Blyth[15]. Faça-o com calma, parando entre um poema e outro.

Em meio ao verde,
Uma flor desabrocha branca,
Seu nome desconhecido.
– Shiki

A primavera se vai,
Trêmula, no verde
Dos campos.
– Issa

O perfume e a cor
Da glicínia
Parecem distantes da lua.
– Buson

A voz do faisão;
Que saudade tenho
De meus falecidos pais!
– Basho

Essa sensação de espaço é o verdadeiro teste do haicu. Não interessa se você já sabe escrever poemas de três linhas com perfeição; é necessário muita prática para preencher essas três

15. Poemas de Shiki e Issa extraídos de *Haiku: Eastern Culture*, vol. 1, trad. R. H. Blyth (Tóquio: Hokuseido Press, 1981). Poemas de Basho e Buson extraídos de *Haiku: Spring*, vol. 2, trad. R. H. Blyth (Tóquio: Hokuseido Press, 1981).

linhas com a experiência de Deus. Basho dizia que, se você escreve cinco haicus na vida, pode se considerar um escritor de haicus e, se escreve dez, pode se considerar um mestre.

Talvez você escreva três romances antes de escrever um romance bom. Portanto, a forma é importante, devemos aprender a utilizá-la. Mas também devemos lembrar de preencher a forma com vida. E isso requer prática.

Três verões atrás, David participou de um *workshop* intensivo comigo durante uma semana, no norte de Minnesota. A oficina tinha vinte alunos. Vários deles eram professores com tempo livre; outros eram adultos que trabalhavam em outras áreas. Todos estavam interessados em escrever, apesar da timidez e do nervosismo de alguns no primeiro dia de aula. Fiz o discurso de encorajamento habitual, falando sobre a importância de confiar na própria voz e de dizer o que precisa ser dito. Fizemos então um exercício escrito durante dez minutos. Em seguida, em círculo, cada um leu o que havia produzido. Os alunos tremiam durante a leitura, não necessariamente por terem escrito algo fenomenal naquele primeiro encontro, mas por causa da sensação de desnudamento ao exibirem a sua voz diante de um grupo de estranhos pela primeira vez. Escreveram sobre a infância, sobre o sítio, sobre o nervosismo que sentiam. Foi um começo como todos os outros. Até que David leu bem alto:

> Masturbação. Masturbação. Maaaaaaas ... Ma! Ma! Ma! Ma! Mastur ba ba ba ção ção ção ...

E assim por diante. Todo o grupo despertou na mesma hora.

David não mudou muito de assunto durante a semana inteira. Levando em conta o tipo de texto que ele escrevia, é de questionar por que eu tinha tanta confiança em sua capacidade, mas eu tinha. Desde o início, ele rompeu com todas as regras de sintaxe, disse tudo o que precisava dizer e continuou a acreditar na sua própria voz, para surpresa de todos. Eu sentia uma grande energia emanando de seus textos e sabia que, se conseguisse controlá-la, David poderia muito bem falar sobre outros temas. Ao vê-lo novamente presente nas oficinas nos dois anos seguintes, fiquei impressionada com sua determinação. Além disso, adorava seu senso de humor (embora muitas vezes eu fosse a única do grupo a achar graça). É bem verdade que, em várias ocasiões, ninguém entendia direito o que ele estava dizendo, mas eu tinha fé na energia por trás de suas palavras.

Tive muitos alunos que eram, desde o início, sempre bastante coerentes. Escreviam orações completas, descreviam com precisão, eram detalhistas e tinham os pés no chão. Em Minnesota, no coração do centro-oeste, quase todo o mundo sabia escrever desse jeito. Ouvi histórias de tornados, invernos, avós; porém, depois de tantos anos ouvindo essas coisas, sentia que aqueles textos não tinham mais aonde ir. Por escreverem bem, aquelas pessoas não estavam dispostas a abandonar o que sabiam, a ultrapassar novas fronteiras e a expor o seu mundo ao desconhecido. Lembro-me de uma aula, numa terça-feira à noite, na qual os alunos produziram textos tão sólidos e tão bons que nada que eu dissesse poderia abalá-los. Queria que eles espumassem pela boca, que fizessem papel de idiota, que avançassem para um campo inexplorado. No fim da aula – eles em vão tentando entender e eu em vão tentando sacudi-los – simplesmente parei e disse: "Já sei qual é o problema! Vocês nunca usaram ácido!"

Vejam, não estou afirmando que o LSD ou qualquer outro tipo de alucinógeno seja necessariamente capaz de fazer alguém escrever melhor. Quero dizer apenas que, em algum momento de nossa vida, todos precisamos ser um pouco loucos, perder o controle, deixar de lado o nosso ponto de vista habitual e compreender que o mundo não é como imaginamos, não é sólido, estruturado, eterno. Um dia todos morreremos e nada pode controlar esse fato. Não use LSD. Passe três dias sozinho no meio do mato. Se tem pavor de cavalos, compre um e faça amizade com ele. Amplie seus limites. Arrisque-se de vez em quando. Vivemos como se fôssemos imortais e nos acomodamos nessa ilusão. Não sabemos exatamente quando vamos morrer e esperamos que seja numa idade bem avançada, mas talvez seja no próximo minuto. Essa idéia de mortalidade não tem nada de engraçado. É isso que, neste exato instante, nos faz ser mais vivos, mais presentes, mais alertas.

Eu tinha certeza de que David, embora viajasse para tão longe em seus textos, um dia aterrissaria e explicaria, para nós que permanecíamos na terra firme de Minnesota, o seu modo de ver as coisas. Numa curva espiral, David acertaria bem no centro do alvo, como um hábil arqueiro. Ele tinha se permitido um bom espaço. Quando tentamos ser muito exatos desde o início, até conseguimos manter essa precisão, mas nunca acertamos aquele ponto que faz as palavras vibrarem com a verdade que permeia todo o presente, passado e futuro.

O importante é que David teve determinação e foi em frente. Não fiquei de todo surpresa ao saber que ele recentemente iniciara seu mestrado em redação, na Universidade de Minnesota, no qual aprenderia a usar orações inteiras, a escrever memórias e ensaios persuasivos, dando finalmente uma direção adequada para a sua energia. E o fez com textos como o seguinte:

Pernas

DE DAVID LIEBERMAN

Olhando a fotografia de Gerald Stern e Jack Gilbert
na capa da *Red Coal* –
O jeito de Gerald andar
Amo Gerald,

amo seu corpo,
o jeito que suas pernas preenchem a calça folgada
como dois leões que se erguem,
seu andar como sua mente é aberto
e rodopia por toda a esfuziante Paris,
pernas tremeluzentes, como art déco,
como camisetas justas,
pernas com cérebro.

Amo Gerald Stern caminhando por Paris em 1950.
E a mim caminhando no Mission, em São Francisco
em fevereiro com Don
e os jovens mexicanos e as mexicanas também
desafiando o universo com suas pernas.
Só nas cidades se vê coisa assim
onde o corpo quimicamente absorve
toda a força das ruas e
das lojas e dos carros e dos bondes e dos ruídos
e das centenas de formas em que eles se organizam
e se desorganizam em som e visão e cheiro
e tudo sobe que nem vapor
saindo pelas grades do metrô
e se deposita no corpo dos homens
e liberta suas mentes.

Em *Zen Mind, Beginner's Mind* [A mente zen, a mente do iniciante], Suzuki Roshi afirma que "a melhor maneira de controlar alguém é estimular seu lado travesso. Assim, assume-se o controle num sentido muito mais amplo. Oferecer à sua ovelha ou vaca um pasto maior e mais espaçoso é o caminho para controlá-la". No texto, também temos necessidade de um espaço amplo. Não puxe muito as rédeas. Permita-se vagar pela vastidão desse campo, completamente perdido e sem nome, e depois volte para contar.

Para escrever cada vez melhor, você precisa treinar, como em qualquer outro esporte. Mas não seja tão caxias a ponto de transformar isso numa rotina cega. "Sim, escrevi durante uma hora hoje, uma hora ontem e uma hora anteontem." Não se trata de adicionar mais essa tarefa à sua agenda. Isso não é suficiente. É preciso muito esforço. Esteja disposto a pôr sua vida na linha de tiro quando se sentar para escrever. Caso contrário, estará apenas passeando a caneta pelo papel mecanicamente, enquanto consulta ansioso o relógio para ver se o tempo já acabou.

Algumas pessoas seguem a regra de escrever todos os dias e não apresentam nenhuma melhora. Estão sendo obedientes e nada mais. É assim que agem os certinhos. É um desperdício de energia, pois é necessário fazer um esforço tremendo para obedecer às regras quando não se tem motivação. Se por acaso você estiver agindo assim, pare de escrever. Fique longe uma semana ou mesmo um ano. Espere até ficar sedento por dizer alguma coisa, até que a urgência de falar seja insuportável. Então retome.

Não se preocupe. O tempo não será perdido. Sua energia será mais direcionada e menos desperdiçada. Isso não significa: "Ótimo, afasto-me um pouco para depois voltar com mais vontade e acabam-se os problemas." Problemas sempre existirão, mas a brasa da expressão que existe dentro de você terá tido mais espaço e oxigênio para realmente começar a arder. Você se sentirá mais comprometido e voltará mais disposto a se engajar nessa empreitada.

Também é bom lembrar que, se você se esforçou bastante durante um certo período – algumas semanas, um mês, um fim de semana inteiro sem parar –, deve tirar um tempo de folga. Faça algo completamente diferente e pare de pensar em escrever. Vá pintar a sala que está feia e escura; pinte-a de branco. Tente preparar aquelas receitas de sobremesas que você sempre recorta do jornal. Aplique toda a sua energia numa outra atividade. Reserve duas semanas unicamente para preencher sua declaração de imposto de renda ou brincar com seus filhos. Você se familiarizará mais com o seu próprio ritmo – quando é preciso escrever e quando é preciso descansar. Essa descoberta aprofundará mais sua relação consigo mesmo. Você não mais obedecerá a regras cegamente.

Lembro-me de uma amiga bem próxima que passou um mês viajando pela Europa comigo. Ela era uma pessoa muito ocupada: dava aulas e cuidava do filho de quatro anos. Estava determinada a usar aquele mês na Europa para escrever uma hora por dia. Era doloroso observar seu comportamento, pois ela encarava aquela tarefa como mais uma obrigação em sua vida, como dar aulas, preparar o jantar, lavar roupa.

Conversando, descobri que ela jamais perdera um dia de aula em toda a sua vida de estudante de escola pública. Mesmo doente, a mãe insistia para que ela fosse à aula. Aprendemos a obedecer a regras e nunca questionamos o valor dessas regras. Nos seis anos que morei em Minnesota, conheci muitas pessoas que se orgulhavam de sua assiduidade exemplar na escola. Não consigo entender qual é o verdadeiro valor da assiduidade total. Sim, as escolas recebem um benefício do governo com base na freqüência diária dos alunos e há que se valorizar a responsabilidade, a perseverança e a disciplina. Essas virtudes devem ser ensinadas, mas não em preto-e-branco.

É preciso haver outros matizes, como cinza e azul. Consultas ao dentista, tristeza pela morte do cachorro, feriados judaicos ou festas ameríndias, dores de garganta, visitas da avó. A vida é muito grande. Deve haver flexibilidade na nossa rotina diária para que vejamos como é bom ter acesso a uma educação pública, aprender a ler as palavras e a desenhar letras com nosso lápis amarelo nas linhas azuis do papel branquinho.

Você também precisa dessa flexibilidade e desse espaço ao escrever. Escrever requer engajamento. Tudo bem, depois de uma hora movimentando a mão pelo papel, você terá várias páginas cheias de palavras, mas não há como se enganar. Você precisa chegar àquela área cinza e azul, entrar em contato com suas emoções, seus desejos, seus sonhos. Mais cedo ou mais tarde você conseguirá. Se não for nesta sessão, será na próxima. Se você está cansado de tantos anos escrevendo, significa que não está em sintonia consigo mesmo e com o processo. Se, por debaixo dessa fachada certinha, você esconde o desejo de ser escritor, mas o seu único esforço nesse sentido é reservar um tempo na agenda para escrever, saiba que só isso não basta.

Às vezes, é necessário mudar alguma coisa na vida para poder progredir. Só escrever não é suficiente. Certa noite, no aeroporto de Milão, depois de uma taça de vinho cada uma, minha amiga perguntou-me: "Então, você acha que serei escritora um dia?" Tive de dizer a verdade: "Bem, acho que você viverá uma vida boa, terá criado bem seu filho, será feliz no casamento. Não sei se você será escritora." Ela bateu com força a taça na mesa e desabafou com uma energia e espontaneidade que eu ainda não vira naquela viagem: "Não vou terminar minha existência fazendo cachorro-quente todo domingo!" No fim daquele mês, ela estava firmemente decidida a largar seu emprego de onze anos como professora, do qual já estava cansada havia algum tempo, e a experimentar uma coisa absurda, que sempre tivera vontade de fazer: trabalhar como *bartender*. Os textos que produziu nos últimos dias da viagem estavam repletos de vitalidade.

Quando morava no centro-oeste, adorava caminhar pelos milharais. Eu ia de carro até a plantação, estacionava e passeava a pé por entre as fileiras de milho durante horas seguidas. No outono, dava para ouvir o estalar das folhas secas. Quando convidei uma amiga para me acompanhar no passeio, sua resposta imediata foi: "Mas não é ilegal? Esse campo não é propriedade privada?" Sim, a rigor, sim, mas eu não estava danificando nada. Ninguém parecia se importar, e nas diversas ocasiões em que encontrei os donos da plantação estes não se opuseram à minha presença e até achavam graça no fato de seus milharais serem motivo de tanta alegria para mim.

É importante sentir cada situação. Não crie suas regras antes da hora. Se a plantação fosse cercada de arame farpado, eu teria entendido a mensagem. Em vez de seguir regras, demonstre simpatia à vida. As regras existem para evitar danos e abusos. Se for gentil, você estará fazendo a coisa certa naturalmente, sem precisar entrar no mérito da legalidade. Eu sabia que não podia apanhar o milho nem pisar nas raízes, e caminhava entre as fileiras.

Não seja certinho somente para ser certinho. Não há razão verdadeira para ser assim. Embrenhe-se nos milharais. Embrenhe-se em seu texto, de corpo e alma. Não estabeleça um sistema – "Preciso escrever todos os dias" – a ser seguido sem vontade.

Mas esteja atento: como minha amiga que teve de mudar sua vida a fim de se aprofundar em sua escrita, o oposto também é verdadeiro. Não é possível entrar fundo no texto e depois simplesmente deixar para lá, pôr panos quentes, ir para casa, "ser bonzinho" e não falar a verdade. Se você se entrega ao texto com sinceridade, essa atitude permeará toda a sua vida.

Não podemos ser valentes no papel e depois abaixarmos a cabeça assim que largamos a caneta. Escrever pode nos ensinar a dignidade de falar a verdade, e isso vai além do texto, se espalha por toda a nossa vida, e é assim que deve ser. Caso contrário, será enorme o abismo a separar quem somos como escritores de como vivemos nossa vida cotidiana. O desafio é este: deixar que o texto nos ensine sobre a vida e que a vida nos ensine sobre o texto. Permita que esse vaivém aconteça.

Sem obstáculos

Num casamento em Taos, Novo México, estava eu conversando com uma pessoa que conhecera dez anos antes, na Fundação Lama. Lembrei-me de que, naquele verão, ele havia semeado e cultivado uma lavoura de grãos inteira sem nenhum maquinário. Trabalhando então como empreiteiro, ele me contou que, se fosse seguir sua verdadeira vocação, deveria mesmo era escrever, mas "a construção civil era mais fácil". Contei-lhe sobre este livro e falei que, no dia anterior, sentira uma enorme aversão por escrever, como jamais senti em toda a minha vida: "Tive vontade de gritar e pôr fogo na minha máquina de escrever. Não queria escrever nunca mais."

"Pois é, mas, se você não fizer isso, o que vai fazer?", perguntou ele, olhando-me nos olhos.

"Nada." E eu sabia que era a pura verdade.

Quando você aceita o ofício de escrever como uma vocação, depois que já tentou de tudo – casar, virar *hippie*, viajar, morar em Minnesota ou em Nova York, dar aulas, engajar-se em práticas espirituais –, enfim percebe que não dá mais para fugir. Assim, não importa o grau de resistência, sempre haverá o dia seguinte, o dia depois do seguinte e o trabalho ainda a ser feito. Você não pode esperar que tudo transcorra sem imprevistos dia após dia. Não será assim. Hoje pode ser um dia excelente, produtivo, mas pode ser que amanhã você tenha vontade de tomar um navio que vai para a Arábia Saudita. Não há garantia nenhuma. Às vezes você acha que finalmente entrou num ritmo bom, três dias seguidos fluindo bem, mas no dia seguinte a agulha arranha o disco e você passa raspando, arrepiado pelo barulho.

Veja a coisa como um todo. Você se comprometeu a escrever ou a aprender a fazê-lo. Vá em frente, quaisquer que sejam as circunstâncias. Mas não seja muito rígido. Se precisar levar os filhos ao dentista no horário reservado para escrever, escreva na sala de espera do consultório ou então não escreva. Apenas mantenha-se interiormente ligado ao seu compromisso com essa prática tão descontrolada, tão tola e tão maravilhosa que é escrever. Sempre demonstre simpatia por ela. É mais fácil voltar para um amigo do que para um inimigo. Dogen, mestre zen-budista do século XIII, afirmou: "Todo dia é um dia bom." É essa postura que, acima de tudo, devemos adotar com relação a escrever, nos dias bons *e* nos dias ruins.

Dois anos atrás, ganhei uma bolsa de estudos destinada a escritores. Eu tinha um ano e meio livre para escrever. Nunca consegui estabelecer um ritmo que durasse mais do que quatro ou cinco dias. Tentei escrever das nove da manhã à uma da tarde. Deu certo e depois não deu mais. Tentei das duas às seis. Por um tempo foi bom. Depois, escrevia somente quando tinha vontade. Às vezes funcionava, outras não. A cada semana eu mudava minha programação. Tive oportunidade de testar todos os horários do dia e da noite. Nada nunca era perfeito. O importante era jamais desistir dessa relação com a escrita, independentemente de quantas táticas diferentes eu tivesse de experimentar.

Pense que escrever é como respirar. Só porque precisamos cuidar do jardim ou pegar o metrô ou dar uma aula, não significa que deixamos de inspirar e expirar. Escrever também é uma necessidade básica. Encontrei o seguinte trecho em meu caderno, com data de 27 de julho de 1984:

> Sei que este trabalho que faço com meu cérebro, tão cansado e teimoso, é o máximo de profundidade que con-

seguirei nesta vida. Não é a alegria ou o êxtase que às vezes sinto ou os lampejos momentâneos de iluminação, mas sim o contato com a essência da minha vida cotidiana, essa permanência e essa insistência em escrever que abrem, de maneira tão profunda, meu coração para uma ternura e uma doçura comigo mesma e, a partir daí, para uma compaixão reluzente por tudo à minha volta. Não somente a mesa e a Coca-Cola diante de mim, ou o canudinho, o ar-condicionado, os homens atravessando a rua neste dia de julho em Norfolk, Nebraska, enquanto o relógio digital do banco pisca 4h03, ou a amiga que escreve à minha frente, mas as lembranças serpenteantes e os desejos profundos de nossa mente, o sofrimento que enfrentamos todos os dias. E tudo isso brota de mim naturalmente, enquanto movimento a caneta pelo papel e vou quebrando a casca dura e concreta da minha mente e das limitações que eu mesma me imponho.

Portanto, ser escritor é algo muito profundo. É a coisa mais profunda que conheço. E creio que esse é o único caminho que poderei seguir pelo resto da vida. Preciso me lembrar disso hoje e sempre.

Uma comida que você adora

Se você está com dificuldade para escrever e nada lhe parece muito concreto, então escreva sobre comida. A comida é sempre palpável e é a única coisa que todos conseguimos lembrar de nosso dia. Tive um grupo de redação que simplesmente não conseguia sair do lugar. Todo exercício resultava em textos monótonos. Até que um dia tive uma idéia: "Pois bem, vocês têm dez minutos. Escrevam sobre uma comida que adoram." Os textos foram vibrantes, repletos de detalhes criativos. Sem abstrações. Havia energia no ambiente. Quando o assunto é comida, as pessoas sabem do que gostam, são diretas, concretas, explícitas.

Diane DiPrima, uma poeta da geração *beat*, escreveu um livro intitulado *Dinners and Nightmares* [Jantares e pesadelos]. Toda a primeira parte do livro fala das refeições que ela comeu, dos jantares que preparou, das listas de convidados para esses jantares, das listas de compras para as receitas. Há uma história maravilhosa sobre a vez em que ela passou um inverno inteiro em Nova York comendo biscoitos Oreo. É uma boa leitura, impossível ficar entediado. Todos nós adoramos comer.

Escreva sobre as comidas de que você mais gosta. Seja específico. Não nos poupe dos detalhes. Onde você comeu, com quem, em que estação do ano? Qual foi a melhor refeição que comeu na semana passada? "A banana que comi naquela cozinha fria, terça-feira de manhã, fez o mundo parar."

A partir da mesa, do queijo, da velha amiga de olhos azuis à sua frente, dos copos d'água, da toalha listrada, do garfo, da faca, do prato branco e pesado, da salada verde, da manteiga, da taça de um pálido vinho *rosé*, você pode expandir-se em lembranças, tempos, espaços, pensamentos, até Israel, até a Rússia, para a religião, para as árvores e para a calçada. E assim você tem um ponto de partida, algo concreto, palatável, claro, bem debaixo de seu nariz.

Tudo bem, algumas pessoas não têm vida social. Talvez você nunca tenha feito uma refeição decente na vida, está duro e não tem amigos. Pois simplesmente comece falando do último sanduíche de queijo vencido que comeu naquele apartamento vazio na First Avenue, com as baratas boiando no seu café de anteontem. Sua vida é essa, comece daí.

Use a solidão

Ontem à noite, estava sentada com uma velha amiga em minha sala de estar. "Sabe, Natalie, sei que você já falou da solidão, mas na semana passada, quando me sentia mesmo muito sozinha, parecia que eu era a única pessoa no mundo com esse sentimento." Solidão é assim. Se percebêssemos que estamos conectados a outras pessoas, igualmente solitárias, deixaríamos de nos sentir sós.

Quando me separei de meu marido, Katagiri Roshi me falou o seguinte: "Você precisa viver sozinha. Precisa aprender. Essa é a nossa última morada."

"Roshi, conseguirei me acostumar com a solidão?"

"Não, ninguém se acostuma. Tomo banho frio todo dia de manhã e todo dia é um choque, mas eu continuo ali, embaixo do chuveiro. A solidão é sempre um baque, mas aprenda a manter-se de pé e não se deixar abalar."

Ainda naquele ano, recorri a Roshi outra vez: "É muito difícil. Volto para casa sozinha e entro em pânico." Ele me perguntou o que eu costumava fazer quando estava só. De repente, aquilo ganhou novas cores: "Bem, eu lavo a louça, fico sonhando acordada, desenhando e pintando coraçõezinhos no papel. Recolho as folhas secas que caem das plantas e ouço muita música." Comecei a analisar a minha própria desolação e passei a ficar interessada. Parei de brigar com ela.

O ofício de escrever pode ser solitário. Quem lerá seu texto, quem se interessará? Um aluno perguntou-me: "Você escreve para si ou para o público?" Pense na possibilidade de compartilhar a sua necessidade de se comunicar com alguém enquanto escreve. Saia da cratera profunda da solidão e expresse-se diante de outro ser humano. "Para mim, viver no centro-oeste foi assim." Escreva para que os outros entendam. Arte é comunicação. Experimente o sabor amargo do isolamento e, a partir dessa vivência, desenvolva uma ligação e uma compaixão por todos aqueles que já se sentiram sozinhos. E então, ao escrever, tome distância e pense em alguém, revele sua vida a essa pessoa. Através do texto, busque conectar-se com uma outra alma solitária. "Foi assim que me senti quando, naquele início de noite, atravessava o estado de Nebraska de carro, agosto passado, sozinha no meu automóvel azul."

Use a solidão. A dor de estar só cria a urgência necessária para que você possa se conectar novamente com o mundo. Use essa dor como uma alavanca para aprofundar ainda mais a sua necessidade de expressão – de falar, de dizer quem você é e de como gosta da luz, das salas e das canções de ninar.

Batom azul e um cigarro no canto da boca

Às vezes não tem jeito – você se acha um chato e fica cansado de si mesmo, da sua voz e do material sobre o qual costuma escrever. Quando já não adianta sair para escrever num café, está na hora de buscar outros caminhos. Pinte o cabelo de verde, passe um esmalte roxo nas unhas, ponha um *piercing* no nariz, vista-se com roupas do sexo oposto, faça uma permanente.

Na verdade, um único detalhezinho é capaz de levar a sua mente para outro lugar. Quando me sento para escrever, geralmente tenho um cigarro no canto da boca. Se estou num café e vejo uma placa de “Proibido fumar”, deixo o cigarro apagado. Como não fumo mesmo, não faz diferença. O cigarro é o detalhe que me transporta para um outro mundo. Não funcionaria tão bem se eu fosse fumante de verdade. Você precisa fazer algo que geralmente não faz.

Pegue emprestada a jaqueta de couro do seu amigo motociclista, chegue à cafeteria como se fosse um Hell’s Angel, então se sente e escreva. Use uma boina, um chinelo, uma camisola, calce um coturno, vista um macacão de operário, um terno, embrulhe-se na bandeira americana, saia por aí de bóbis no cabelo. Simplesmente se sente para escrever num estado em que você geralmente não se senta para escrever. Experimente escrever num grande bloco de desenho. Vista-se de branco e pendure um estetoscópio no pescoço – qualquer coisa que o faça apenas ver o mundo de outro ângulo.

Voltar para casa

"Quando visitei a exposição dela em Nova York, tive vontade de dizer-lhe que estava faltando alguma coisa. Ela precisava voltar para North Platte, Nebraska, sua terra natal. Precisava fechar o círculo." Escutei essa conversa sem querer. Um amigo relatava a outro.

Voltar para casa é muito importante, se quiser que seu trabalho seja completo. Você não precisa mudar-se novamente para a casa dos pais e viver de mesada, mas tem que assumir o lugar de onde veio e analisá-lo a fundo. Volte para honrar ou abraçar a sua terra natal ou, pelo menos, para aceitá-la.

Tenho uma colega escritora que é casada com um homem de origem italiana. Ela sempre escrevia sobre a família do marido e sobre as conversas à mesa do jantar. Disse-lhe eu: "Seu texto é bom, mas não posso confiar totalmente antes de ouvi-la falar sobre a sua família também. Conte-me como é ser branca, protestante, de classe média alta. Sinceramente eu não sei." Muitas vezes, achamos a vida do outro interessante e a nossa, monótona. Saímos do nosso eixo e perdemos o equilíbrio, pois estamos buscando algo que julgamos não ter. Vivemos como um fantasma faminto. Isso não significa que devemos escrever exclusivamente sobre nós mesmos, mas que precisamos olhar para o mundo exterior com generosidade. "Eu sou rica e eles também."

Estudei zen-budismo durante muitos anos, então, cerca de um ano e meio atrás, toda vez que praticava meditação sentada eu me sentia cada vez mais judia. Quando lhe relatei o fato, Katagiri Roshi disse: "Faz sentido. Quanto mais medita, mais você se torna você mesma." Passei a ver que foi arrogância minha virar as costas para o meu próprio legado sem antes procurar conhecê-lo.

Nossa origem influencia o nosso texto. Mesmo em questões de linguagem. Diversas vezes me flagrei inconscientemente escrevendo no ritmo das orações e dos cânticos judaicos, usando aquela repetição. Embora minha família não fosse religiosa, nos feriados eu via as pessoas praticando o *daven* (rezando e balançando o corpo). As crianças pequenas são muito impressionáveis. É nessa época que o ritmo da língua se internaliza. Ouvi dizer que a grandeza dos poetas não está no que eles dizem, mas na sua capacidade de sintonizar-se com determinados ritmos da língua.

Quando escrevemos, muitas vezes nos vemos presos a uma determinada forma, seja o sermão da igreja de todos os domingos, seja a batida do *rock'n'roll*, seja a voz do leiloeiro na quermesse anual da sua cidade. Não usamos as palavras da ladainha, mas preenchemos aquele padrão, já impresso em nós, com nossas próprias palavras e emoções. Esse padrão serve de veículo para a nossa expressão. É como conectar-se a um circuito elétrico.

Além disso, há as charmosas peculiaridades do falar de nossa família e de nossa região. Aprenda a reconhecê-las e apreciá-las. "Mas pelo milho azul!" foi a expressão usada por um texano ao ver o peso da minha mochila. Sempre que eu fazia uma pergunta cretina, minha avó costumava dizer: "E por acaso o cavalo bota laranjas?" Faça uma lista das expressões utilizadas pela sua família e incorpore-as aos seus textos.

Mas não volte para casa na intenção de ficar. Volte para se libertar, para garantir que não está se esquivando de nada. Quando você tenta se esquivar de algo, isso se torna óbvio em seu texto. Por exemplo, se não está à vontade com a sua sexualidade, você deixa transparecer isso ao escrever, seja porque nunca a menciona, como se todos os personagens, insetos e animais do texto tivessem sofrido uma lobotomia sexual, seja porque opta pelo outro extremo e passa a escrever tão-somente sobre prostitutas e filmes pornográficos. É preciso encontrar uma rota intermediária, uma posição confortável.

Sabemos de histórias de pessoas que voltam para suas raízes. Isso é bom, mas não fique preso à raiz. Há também o galho, a folha, a flor – tudo apontando para o imenso céu azul. Somos muitas coisas. Enquanto procurava minhas "raízes" em Israel, percebi que, ao mesmo tempo em que era judia, também era americana, feminista, escritora, budista. Somos frutos da era moderna – e é nisso que estão a nossa grandeza e o nosso dilema. Não somos uma única coisa. Nossas raízes tornam-se cada vez mais difíceis de identificar. Porém, elas são importantes e é muito fácil desviar-nos delas, já que sempre escondem também alguma dor. Afinal, foi por isso que partimos de casa um dia.

Quando me mudei para Minnesota pela primeira vez, Jim White, excelente poeta, disse-me o seguinte: "Faça qualquer coisa, mas não vire uma escritora regionalista." Não caia na armadilha do provincialismo. Enquanto escreve sobre as vacas no Iowa, sobre o jeito que elas se abaixam para mastigar o pasto, desenvolva, simultaneamente, a mesma compaixão pelas vacas na Rússia e na Tchecoslováquia, pela sua morte iminente e pela sua carne assada e servida em ensopados, tigelas ou pratos, que alimenta a população dos dois lados da Terra. Aproxime-se da sua região, mas não pare por ali. Deixe que ela instigue sua curiosidade de saber mais sobre o resto do mundo.

Quando iniciei meus estudos do judaísmo, não consegui ficar apenas nas orações religiosas. Vi-me compelida a encarar a dor do Holocausto, a história de Israel e todo o passado errante de meu povo. Com isso, pude sentir, pela primeira vez, uma grande empatia pelos movimentos políticos e pelas lutas dos seres humanos além das fronteiras da América. Na capacidade de identificar-se com um povo está a chance de se compadecer de todos os povos. Em Israel, não apenas testemunhei a dureza da vida dos judeus, mas também compreendi o sofrimento dos árabes. Encarar as minhas raízes fez nascer em mim uma tristeza por todos os que um dia pisaram naquele solo.

Portanto, volte para casa. Não para se vangloriar por ter tido um tio que foi coronel da Segunda Guerra, mas para se infiltrar, silenciosa e definitivamente, em seu povo e, então, começar a entender todos os povos e suas lutas.

Todos os escritores desejam ser conhecidos, de um jeito ou de outro. É por isso que se comunicam. Eis a oportunidade para aproximar o leitor do seu coração. Você pode explicar, com conhecimento de causa, o que significa ser católico, ser homem, ser sulista, ser negro, ser mulher, ser homossexual, ser um ser humano. Você sabe melhor do que ninguém. Conhecendo a si mesmo e escrevendo a partir desse conhecimento, você contribuirá para a compreensão do mundo.

Círculo de histórias

Em diversas ocasiões, em Taos, organizei círculos de contadores de histórias. Convidava os amigos que moravam nas cidades serranas mais próximas, como Talpa, Carson, Arroyo Hondo e Arroyo Seco, e reuníamo-nos todos na minha casa, sentados em círculo no chão. Era possível ouvir, bem de perto, o som dos guizos das cabras de Shel, e eu sabia que Bill Montoyo tinha novamente trazido suas ovelhas para pastar na grama do nosso jardim, de folhas incrivelmente longas.

No meio do círculo de mais ou menos dez pessoas, acendia uma vela – acender velas ajuda a criar uma atmosfera mágica. Então propunha: "Agora falem sobre um momento de grande felicidade para vocês." Em outros círculos, fazia sugestões diferentes, como "falem sobre um lugar que vocês adoram" ou "falem sobre uma ocasião em que estiveram bem para baixo" ou, ainda, "contem a história mais extraordinária que conhecem" ou "contem uma história que gostam muito de contar" ou, também, "relatem um momento mágico que viveram na semana passada". E assim dávamos a volta no círculo.

As histórias permanecem conosco. Sete anos se passaram e ainda me lembro delas.

Rick: Havia um grande olmo no quintal da casa da minha infância, em Larchmont, Nova York. Com seis anos, conseguia subir quase até o topo, onde ficava o meu galho preferido. Era fim de outono, as árvores estavam sem folhas. Debrucei-me sobre esse galho e o abracei. De olhos fechados, senti o vento soprar e balançar o meu galho, que era bem grande, e eu balancei junto. Sempre lembrarei da paixão que sentia por aquela árvore.

LAUCHLAN: Certa vez, trabalhei de guarda-florestal em Oregon por quatro meses, durante o verão. Eu ficava o tempo todo sozinho e, como não tinha ninguém por perto, passei aquele verão andando quase pelado. Eu ficava no meio da mata. No final da temporada, estava bastante bronzeado e bastante tranqüilo. Era fim de agosto e eu estava abaixado, catando frutas silvestres para comer. De repente, senti uma língua lambendo o meu ombro e virei a cabeça lentamente. Tinha uma veadinha lambendo o suor das minhas costas! Fiquei imóvel. Então ela foi para o meu lado e, juntos e em silêncio, comemos as frutas direto do pé. Eu estava maravilhado. Um animal confiou em mim daquele jeito!

JOSEPH: Esta história não aconteceu diretamente comigo. É sobre o colega de quarto de um amigo meu. Vou chamá-lo de Bill. Bill era francês. Ele era meio estranho, definitivamente desequilibrado. Trabalhava com golfinhos em Nova York e era louco por eles. Nós o chamávamos de Cientista. Era o começo da época do LSD. Falávamos ácido lisérgico naquele tempo. Estávamos experimentando. Tomávamos cuidado para não usar na frente do Cientista, pois temíamos que ele pudesse usar e perder a cabeça.

Bem, teve uma vez que ele usou, não sei como conseguiu a droga, mas, enfim, ele usou. Todo o mundo pensou "Ih...", mas tentamos relaxar. Ele vestiu o casaco – já era noite – e saiu do apartamento. Foi a pé até seu local de trabalho, entrou e ficou olhando os golfinhos na piscina.

Ele jura que a fêmea se transformou na Marilyn Monroe, com seios e batom nos lábios, e o convidou a entrar na água. Ele contou que tirou toda a roupa, mergulhou e fez amor com ela. Ele jura que fez. Quando soube, todo o mundo achou aquilo esquisitíssimo, e o meu amigo, que dividia o quarto com ele, mudou-se logo depois.

Acho que essa história bem pode ter acontecido porque, muitos anos depois, fui morar com uns amigos em Venice Beach, na Califórnia. Tomávamos ácido o dia inteiro naquela época. Estávamos em plena década de sessenta e decoramos toda a casa com cores fortes e psicodélicas. O banheiro era verde-abacate e tinha um aquário com dois peixinhos dourados. Certo dia, tomei um ácido e fui andar na praia. Voltei pra casa, entrei no banheiro e olhei para os peixinhos. Um deles ficou a cara da Brigitte Bardot. Com toda a naturalidade, enfiei a mão no aquário, peguei o peixe pelo rabo e o engoli inteiro, antes de me dar conta do que estava fazendo! Estava extasiado.

BRETT: Fui visitar minha avó Chloe em Kankakee, Illinois. Ela estava com 82 anos e fazia quatro que eu não a via. Eu a adorava e estava animadíssima para reencontrá-la. Era uma visita-surpresa. Peguei uma carona em Minnesota, onde eu morava na época. Quando cheguei à casa dela, que ficava em frente ao Dunkin' Donuts, ela estava no quintal debruçada sobre as bocas-de-leão vermelhas. Chamei: "Chloe!" Ela se virou e disse: "Oi, Brett, venha aqui um pouquinho. Quero lhe mostrar uma coisa." Fui até lá e ela apertou uma boca-de-leão entre os dedos, para me mostrar que parecia um coelhinho. Então me tomou pela mão e me levou até os seus dois pessegueiros: "Vou fazer umas conservas com esses pêssegos." "Chloe, faz quatro anos que a gente não se vê." Ela esticou o braço, colheu um pêssego da árvore e levou-o à luz, para que eu o inspecionasse: "Eu sei, querida. Senti saudades." Em seguida, entramos em casa e ela me serviu seus famosos bolinhos, enquanto falava dos vizinhos e do meu pai e do quanto queria que ele freqüentasse a igreja. Ela falava comigo como se eu nunca tivesse saído dali.

Lembro-me vividamente desses quatro relatos. As nossas histórias são importantes. Experimente organizar um círculo desses com os seus amigos. Você só precisa de uma vela. Não precisa de droga nem de álcool. Assim que começam, as histórias se encarregam de trazer todo o encantamento necessário. Depois, sozinho, passe as suas histórias para o papel. No início, escreva como se estivesse falando em voz alta, nada muito rebuscado. Isso o ajudará a dar os primeiros passos.

Maratonas de redação

Geralmente, ao final de uma oficina com oito horas de duração, divididas em encontros semanais de duas horas, fazemos uma maratona de redação de quatro horas. Você não precisa necessariamente de uma classe de alunos para organizar uma maratona. Já fiz com uma única pessoa, durante um dia inteiro. Funciona assim: todos no grupo comprometem-se a participar durante todo aquele período de tempo. Em seguida, traçamos um cronograma. Por exemplo, uma sessão de dez minutos, outra de dez, depois uma de quinze, duas de vinte e, para terminar, uma última de meia hora. Então, na primeira sessão, escrevemos durante dez minutos e depois fazemos uma leitura um por um, sem comentários de ninguém. Se o grupo é muito grande, para economizar tempo fazemos um rodízio: quem leu numa sessão não lê na próxima. Depois de cada leitura, naturalmente há uma pausa, mas ninguém diz "que lindo" ou "eu te entendo". Não tem nem bom nem mau, nem elogio nem crítica. Cada um lê o que escreveu e depois passa a vez para o outro. É permitido pular a vez e ficar sem ler por duas ocasiões durante a maratona. Deve haver flexibilidade, obviamente. Se alguém quiser pular a vez novamente ou não quiser pular, tudo bem. Geralmente, o que ocorre é que você deixa de pensar: você escreve e lê, escreve e lê, e vai perdendo a timidez. Todos estão no mesmo barco e, como não são permitidos comentários, você se sente cada vez mais à vontade para escrever o que quiser.

Depois de um certo tempo, sua voz começa a se desincorporar. Fica na dúvida se foi você ou alguém no outro canto da sala que falou aquilo. Como não há comentários, se tem vontade de responder ao texto de alguém, você pode se dirigir a essa pessoa na sessão seguinte: "Bev, entendo o que você quer dizer. Meus pais também discutiam sob a luz da cozinha, com o jantar pela metade na mesa, sobre o piso de linóleo verde." Abstendo-se de comentar o trabalho do outro, cria-se um desejo saudável de falar. Você pode direcionar essa energia para a próxima rodada de textos. Escrever, ler, escrever, ler. É uma ótima maneira de calar o seu censor interno e dar a si mesmo uma tremenda oportunidade de escrever o que vier à cabeça.

Além disso, também mantemos uma caixa no centro da sala, na qual os participantes depositam pedaços de papel dobrados com sugestões de temas. No início de cada rodada de textos, uma pessoa tira um papel e lê o tema. Você não precisa, necessariamente, escrever sobre esse tema, porém, se estiver sem idéias, aquele poderá ser o seu ponto de partida. Você se surpreenderá ao ver que, uma vez acionado esse estado automático, você pode escrever sobre qualquer assunto. Ou pode usar o tópico como um aquecimento antes de pôr a caneta em movimento: "'Natação.' Sou uma excelente nadadora e muito autoconfiante. Pronto. Agora eu quero mesmo falar do dia em que me transformarei numa luz branca (...)." Ou então você pode achar que não tem nada a dizer sobre natação, escrever algumas linhas e depois se lembrar de quanto adorava a Esther Williams na sua infância, sentada ao lado do seu pai no cinema, a mão cheia de manteiga da pipoca.

As pessoas ficam nervosas na primeira vez que participam de uma maratona. Acham que não terão nada a dizer ou que não conseguirão escrever durante tanto tempo. No final, ficam surpresas ao ver que o tempo passou tão depressa: "Eu poderia passar o dia escrevendo!" Certa vez, numa oficina na Universidade de Minnesota, com uma semana de duração, propus uma maratona logo na primeira manhã de aula. No início, os doze alunos se mostraram resistentes e fecharam a cara para mim. Quando acabamos, um participante apressou-se em dizer: "A gente almoça e faz outra maratona à tarde." Não fizemos outra coisa a semana inteira. Para variar, começamos algumas rodadas às dez da noite e fomos até a uma da manhã e, em outras vezes, começamos às sete da manhã e fomos até o meio-dia.

Naquela oficina, alguém tirou o tópico "sua primeira experiência sexual" da caixa de sugestões. Teve uma aluna que insistiu nesse assunto pelo resto da semana. Ela escreveu sobre a sua primeira vez, sobre a segunda, a terceira e assim por diante. Creio que ainda esteja sentada na Rainbow Tavern, em Hill City, Minnesota, escrevendo sobre a sua 708ª experiência sexual. Alguns colegiais jogam bilhar no salão ao lado, e ela pede uma Pepsi depois da outra para segurar a mesa. Não sabe se é dia ou se é noite, mas a mão não pára de escrever um minuto. É certo que a qualquer momento ela ficará iluminada, e então perguntaremos: "Será que ela voltará, será que ela voltará (...)?"

Toda maratona é uma experiência de abertura. Assim que termina, seus participantes costumam sentir-se sem roupas, sem controle. Às vezes sinto um pouco de raiva, mas sem nenhuma justificativa. É como se abrissem um buraco na nossa autodefesa e de repente estivéssemos nus, expondo quem realmente somos. Depois de uma maratona, você tenta conversar normalmente com os outros participantes, falando do clima ou dos encantos da profissão de escritor, mas parece que a sua cara caiu. Não se preocupe, isso passa e você logo volta a ser a mesma pessoa reservada e mal-humorada de sempre.

É importante passar, no mínimo, meia hora sozinho depois disso. Fazer uma atividade física e concreta ajuda. De repente, após uma maratona, vejo-me lavando a louça com avidez ou então plantando, freneticamente, mais doze fileiras de feijão no lugar onde deveria estar plantada grama. Na semana passada, organizei uma maratona em casa e, antes mesmo de o último aluno sair, já estava com o aspirador de pó na mão, limpando os tapetes da sala onde tínhamos acabado de nos reunir.

Essa sensação de nudez que se segue à maratona é semelhante àquela que tenho após um *sesshin*, um retiro meditativo. Depois de sete dias de meditação sentada, fazemos uma última reverência a Buda e aos outros alunos de zen-budismo e, então, geralmente passamos a uma outra sala, onde são servidos chás e bolos. Após os longos períodos de silêncio no retiro, podemos finalmente conversar uns com os outros. Quase sempre tenho vontade de lambuzar a cara de bolo para ninguém me ver. Certa vez, uma amiga íntima veio me visitar após um *sesshin* e, sentadas na varanda de casa, ela disse: "Sabe, parece que estou diante de um retrato daquelas mulheres cubistas de Picasso – todas as suas dimensões estão aparecendo ao mesmo tempo!"

Quando passo várias horas sozinha escrevendo, também tenho essa sensação. Não se preocupe com isso. Não estamos acostumados a ser tão abertos. É bom, aceite esse fato. Faz bem se sentir assim.

Assuma o seu texto

Por diversas vezes, observei um fenômeno muito peculiar nos grupos de redação. Alguém escreve um texto extraordinário e não tem a menor idéia da qualidade da sua produção. Por mais que eu elogie, por mais que o grupo faça comentários positivos, o autor nunca consegue ligar esses fatos à boa qualidade de seu texto. Ele não nega, apenas fica ali sentado, meio confuso. Mais tarde descubro, de boca em boca, que ele não acreditou em nada do que ouviu. Faz anos que venho observando isso. E não falo de um único aluno mais inseguro ou mais modesto que foi incapaz de perceber como seu texto era bom.

Temos dificuldade para nos ligar com aquela voz narrativa confiante que existe dentro de cada um. E, mesmo quando conseguimos fazer essa ligação e produzimos um texto bom, não o assumimos. Não digo que todos sejamos Shakespeares, mas todos temos uma voz genuína, capaz de expressar o que se passa em nossa vida com dignidade e detalhamento sinceros. Parece haver uma separação entre a grandeza que somos capazes de alcançar e o julgamento que fazemos de nós mesmos e, portanto, de nosso trabalho.

A primeira vez que realmente prestei atenção a esse fato foi há seis anos, num grupo de redação que coordenei durante oito semanas como voluntária do Centro Zen de Minnesota. Todos escrevemos sobre a nossa família com palavras simples e infantis – essa era a tarefa. Tínhamos quinze minutos para escrever. Éramos doze participantes. Quando o tempo acabou, um por um leu o que havia acabado de escrever. Fui a última a ler. O texto que li e mais tarde datilografei e intitulei "Devagar Ver o Mundo Girar" falava sobre a minha avó bebendo água, criando filhos e deixando este mundo sem meia, sem salame, sem sal. Quando terminei a leitura, fez-se um longo silêncio.

Como professora, tudo o que eu digo às pessoas, basicamente, é que devem aprender a confiar em sua própria voz e a escrever com ela. Experimento diferentes truques e abordagens. Depois que os alunos pegam o jeito, só preciso ensiná-los a enfeitar o peru. O peru mesmo já está assando. Sentia-me em paz e feliz. Todos os alunos haviam vencido suas resistências e criado um texto genuíno, vindo do fundo do coração. De minha parte, não havia mais nada a dizer.

De repente, olhei em volta e todos na sala observavam-me com curiosidade, esperando para começar outro exercício. Fiquei abismada. Percebi que nenhum deles tinha a mínima consciência do que havia acabado de escrever: "Vocês nem imaginam a vitalidade que tem o texto que acabaram de fazer, não é?" Continuaram só me olhando.

Isso não acontece somente com os alunos iniciantes. Lembro-me agora de dois exemplos. O primeiro caso é de uma poeta, muito boa e também muito benquista. Chamo-a de a "Queridinha de Minnesota". Ela escreve sobre sua vida, sobre seu pai pastor protestante, seus sete filhos, a mesa de café-da-manhã. Na sua última leitura, não somente as cadeiras haviam sido todas ocupadas, mas também tinha gente assistindo em pé. Ela contou-me que, quando a leitura acabou, voltou para casa muito deprimida, pois o público havia gostado demais de seus poemas. Disse ela: "Mais uma multidão que engano com meu trabalho."

O outro exemplo é sobre uma escritora que freqüentava um dos meus grupos de domingo à noite. Era romancista e trabalhava como editora-assistente de uma revista local. Escrevera duas peças muito bem-sucedidas, tendo uma delas sido indicada como "Escolha do Crítico" pelo jornal *Minneapolis Tribune*. Produziu diversos textos extraordinários nos exercícios cronometrados com o grupo. Tinha certeza de que ela conhecia a qualidade de suas criações, afinal de contas era uma escritora experiente. Um mês depois, quando nos encontramos para tomar café-da-manhã e comentei um de seus textos, ela espantou-se ao saber que tinha achado bom. Aliás, "bom" não é suficiente para exprimir toda a sua qualidade. Fiquei surpresa ao ver que ela mesma não sabia. Durante toda a sua carreira profissional, ela escrevera sobre assuntos alheios a si mesma e às suas experiências de vida. "Este tipo de texto é você por inteiro", comentou ela. É por isso que não conseguia percebê-lo.

Katagiri Roshi certa vez me falou: "Todos somos Buda. Sei que você é Buda. Você não acredita. Quando vir que é Buda, você despertará. Iluminação é isso." Para nós, é muito difícil compreender e valorizar a nossa própria vida. É muito mais fácil olhar para o que está do lado de fora. Reconhecendo a boa qualidade de nosso texto, estamos encurtando a distância que existe entre a nossa verdadeira natureza e a nossa capacidade de conscientemente reconhecê-la. Aprendemos a nos aceitar como os seres humanos maravilhosamente criativos que somos hoje. Vez ou outra, ao longo do tempo, podemos pensar: "Eu era bom *naquela época*", mas isso é passado. Ficamos para trás.

Não digo que devemos virar todos um bando de exibidos. Devemos apenas reconhecer que somos bons por dentro e, assim, emanar essa bondade e criar algo bom do lado de fora. A ligação que se estabelece entre a nossa riqueza interior, o nosso autoconceito e o nosso trabalho nos proporciona uma paz e uma confiança serenas, as quais, para a maioria dos artistas, são muito difíceis de alcançar. Não é mais "O trabalho é ruim e nós também", ou "O trabalho é bom e nós também", ou mesmo "O trabalho é ruim e nós somos bons". Mas sim "Somos bons e, portanto, somos capazes de transpor a nossa relutância em escrever um texto bom e assumir sua autoria". É mais importante que nós reconheçamos o nosso trabalho do que o mundo o reconheça. Esse é o passo essencial. Isso nos trará contentamento. Somos bons, e, quando nosso trabalho é bom, é bom. Devemos aceitar esse fato e assinar embaixo.

Confie em si mesmo

Na aula de terça-feira analisamos duas páginas tiradas de um diário. Na verdade, o diário era meu. Duas páginas do meu diário. Escolhi-as porque, alguns meses atrás, eu havia extraído delas um poema. Não um grande poema. Um poema quieto. São poemas difíceis de encontrar; são aquele zumbido sutil que se repete em seu caderno e tem o poder de transportá-lo para um outro mundo. Uma semana antes, distribuíra cópias daquelas duas páginas. Os alunos deveriam encontrar o poema nelas. Eles também tinham liberdade de dizer se não tivessem encontrado nada. "Nat, isso tudo é lixo."

Cinco ou seis alunos se ofereceram como voluntários. Houve pelo menos quatro versões diferentes do poema. Algumas incluíam a primeira metade do texto, outras o meio e houve até uma que pegou um trecho a mais que havia sido copiado por engano. Uma frase todas elas incluíram: "As colinas do Novo México estão por toda parte." Todas as versões eram boas. Nenhum grande poema, nem aquele que eu havia escolhido.

Entregue um texto a cem pessoas e você possivelmente terá cem opiniões diferentes – não completamente diferentes, mas muitas variações. É aqui que entra a importância de estar em profunda sintonia consigo mesmo. Você deve ouvir o que os outros falam. Assimile o que eles dizem. (Não se feche numa caixa de aço.) E depois tome as suas próprias decisões. É o seu poema e é a sua voz. Não existem regras definidas; é uma relação consigo mesmo. O que *você* quis dizer? O que deseja revelar sobre si próprio? Despir-se num texto é perder o controle. Isso é bom. Já não temos controle de nada mesmo. As pessoas o vêem como você é. Às vezes nos mostramos sem entender o que acabamos de fazer. Isso é difícil, mas ainda mais doloroso é se paralisar e não revelar nada. A paralisia, aliás, só produz textos ruins.

O melhor teste a que podemos submeter o texto é o tempo. Se está em dúvida com relação a algo, deixe-o um pouco de lado. Retome seis meses depois. As coisas estarão mais claras. Você descobrirá que há poemas que você ama e ninguém mais dá a mínima. Tenho um poema que fala de uma janela e, invariavelmente, todos acham péssimo. Eu acho brilhante. Quando me chamarem para fazer meu discurso no Prêmio Nobel, vou sacar esse pequeno tesouro do bolso e me divertir um bocado.

Não se preocupe se, passados seis meses, aquele texto sobre o qual você estava em dúvida se revelar péssimo. As partes aproveitáveis já estão se decompondo na sua usina de compostagem. Algo bom surgirá. Tenha paciência.

O SAMURAI

Ontem, com o grupo de domingo à noite, comecei a explicar sobre o lado samurai da escrita e de nós mesmos. Percebi que, em sala de aula, sempre tive uma postura bastante encorajadora e positiva. Era porque todos estávamos juntos no mesmo espaço criativo. Minha animação era sincera: brotava do campo acrítico e aberto da criatividade. Tudo o que você escreve é bom. Às vezes mais do que bom. Atiça a chama que faz reluzir as primeiras impressões. Não raro, ouço meus alunos dizer: "Você não está sendo suficientemente crítica. Não acredito em você." Não percebem que estamos sentados em lados diferentes: estou no lado da criatividade; eles, por sua vez, estão preocupados em unir o criador e o editor e querem me puxar para essa briga. Eu não quero entrar. A sensação é péssima.

Mas então ontem à noite começamos a trabalhar com o samurai. Tom distribuiu cópias de um texto seu, mais ou menos acabado, e nos debruçamos sobre ele. Em primeiro lugar, procuramos definir onde estava a energia. Estava principalmente no terceiro parágrafo. William Carlos Williams certa vez disse a Allen Ginsberg: "Se apenas um único verso do seu poema tiver energia, então corte todo o resto e fique com aquele único verso." Aquele verso é o poema. A poesia é o veículo da vida, o recipiente da vitalidade. Cada verso precisa ser vivo. Guarde essas partes e jogue todo o resto fora.

A turma entreteu-se com o terceiro parágrafo por alguns instantes. Não muito tempo. Talvez três minutos. Foi suficiente. O terceiro parágrafo tinha energia mas não tinha calor. Não tinha nem a metade do calor que eu sabia que Tom poderia criar. Aconselhei-o: "Concordo, o terceiro parágrafo tem energia. Vale a pena brincar um pouco com ele. Pode ser bom para plantar uma semente para o futuro na sua usina de compostagem, mas você voltará a este texto daqui a algumas semanas; ele ainda não se inflamou. Já dedicamos tempo suficiente a ele. Vamos em frente." Shirley, recém-chegada ao grupo, interrompeu: "Espere aí. O que é samurai?" Tom virou-se para ela e disparou a resposta: "Corta fora!"

Portanto, quando pisamos no território do samurai, precisamos ser duros. Não cruéis, mas com a dureza da verdade. E, na verdade, a verdade nunca chega a machucar. Ela traz mais clareza ao mundo e mais brilho aos poemas. Já participei de oficinas nas quais trabalhamos com um poema ruim e passamos vinte minutos simplesmente criticando-o. Isso é ridículo. É perda de tempo. É como chutar cachorro morto. Pode ter certeza de que o poeta que escreveu aquele poema escreverá muitos outros. Não pense que, se você não tirar nada daquele poema ruim à sua frente, o autor jamais escreverá novamente.

Você pode ter a coragem de ser sincero. "Tem coisa boa aqui, mas não é suficiente." E seguir em frente. É bom o processo de aprender a simplesmente deixar para lá. Quando estudava na Universidade de Columbia, Allen Ginsberg procurou seu professor, o crítico literário Mark Van Doren, e questionou-o: "Por que o senhor não escreve mais críticas?" Ele respondeu: "Por que se prestar a falar sobre algo de que você não gosta?"

Quando escrevemos, há ocasiões em que conseguimos emergir através da nebulosidade da mente e ganhar uma certa clareza. Mas nem sempre ser enérgico ao escrever significa produzir um texto bom. Não. Significa apenas que despertamos, como quem acorda domingo de manhã depois de beber muito no sábado à noite. Os olhos estão abertos, mas não estamos completamente alertas. É bom saber quando o nosso texto está vivo, desperto, mas é no momento em que alcança aquele ardor e aquele brilho que o texto finalmente se transforma numa obra de poesia ou de prosa. E todos conseguem perceber a diferença. Algo nascido da fonte, dos pensamentos originais, desperta e energiza a todos. Já vi isso acontecer várias vezes nos grupos de redação. Quando alguém lê um texto apaixonante de verdade, todos se animam.

Esteja disposto a analisar o seu trabalho com sinceridade. Se algo funciona bem, ótimo. Se não, pare de chutar cachorro morto. Continue escrevendo. Algo novo surgirá. O mundo já está cheio de textos ruins. Escreva uma única frase boa e ficará famoso. Escreva milhares de textos mornos e fará o público dormir.

É bom esperar um pouco antes de reler seu texto. O tempo traz distância e objetividade para encarar seu trabalho. Depois de completar um caderno inteiro de treino (é provável que você tenha levado um mês), sente-se e leia como se aquele caderno não fosse seu. Fique curioso: "O que essa pessoa tem a dizer?" Acomode-se bem e concentre-se como se fosse ler um bom romance. Leia página por página. Mesmo que lhe tenha parecido monótono no momento em que foi escrito, agora você será capaz de reconhecer a sua textura e o seu ritmo.

Reler meus cadernos sempre me faz lembrar que estou viva, que senti, pensei, vi. É um grande gesto de reafirmação, tendo em vista que, em certos momentos, escrever parece inútil, parece perda de tempo. De repente, você se vê sentado em sua poltrona, encantado com a sua própria vida cotidiana. Esse é o grande valor da arte – transformar o comum no incomum. Despertamos para a vida que estamos vivendo.

Outra vantagem de reler um caderno inteiro é que você consegue enxergar como a sua mente funciona. Perceber onde poderia ter se esforçado mais e, por preguiça ou covardia, não o fez. Ver onde você é realmente maçante, ver que, quanto mais você reclama em seu texto, mais fundo fica o buraco. "Odeio a minha vida. Me acho feia. Queria ter mais dinheiro (...)." Depois de passar um bom tempo lendo as suas queixas, você aprenderá a mudar rapidamente de assunto no texto, em vez insistir em ficar naquele abismo de lamentações.

Quase sempre, durante a prática de redação, você escreve algo e não sabe dizer se aquilo é bom ou ruim. Às vezes, descubro poemas no meu caderno que eu nem sabia que tinha escrito. A nossa consciência nem sempre está no comando. Num dia em que talvez esteja subjetivamente entediada enquanto escrevo, posso produzir um belo poema e só reconhecê-lo um mês depois, ao reler meus escritos.

Lembro-me de uma ocasião em que, trabalhando em meu escritório, experimentei uma gostosa sensação de bem-estar. Várias vezes perguntei a mim mesma: "Por que você está tão feliz? Não escreveu nada de bom o dia inteiro." Quatro dias depois, numa aula sobre o uso do diário, um aluno descaradamente me desafiou a provar que eu também escrevia "muita besteira" em meu caderno. Pensei: "O que escrevi naquele dia em meu escritório é prova suficiente." Abri o caderno naquela data e comecei a ler. Para minha surpresa, havia ali um comovente texto sobre a passagem do tempo, uma listagem de todas as pessoas que já não fazem parte da minha vida, seja porque se mudaram seja porque morreram. Minha voz realmente se abria conforme eu ia lendo. Fiquei maravilhada.

Naquele dia no escritório, minha consciência sentia-se frustrada e nem desconfiava que eu pudesse ter escrito algo de bom. Entretanto, por debaixo de meus pensamentos discursivos e críticos que zumbem como um enxame de pernilongos, minha mão preocupou-se em registrar aquelas primeiras impressões e produzir um texto de muita presença. Isso pode acontecer. Uma parte de nós pode atravessar a nuvem de ruidosos pernilongos e alcançar um ponto de grande clareza interior. Podemos ignorar o pessimismo e a tagarelice insistente de nosso crítico interno e continuar movimentando a mão pelo papel. A nossa consciência está muito ocupada com os pernilongos e, por isso, nem sempre sabe que estamos realmente escrevendo um texto bom. Mas, naquele dia no escritório, alguma coisa em mim sabia, pois passei o tempo todo assobiando. É como aquela mãe que está sempre duvidando de suas próprias habilidades, mas, quando olhamos para seus filhos, vemos que são crianças felizes, bonitas. Ela está fazendo um bom trabalho. A diferença é que, neste caso, tanto a mãe (seus pensamentos discursivos) quanto os bons filhos (seus textos) estão dentro de você, trabalhando simultaneamente. A prática consiste em continuar escrevendo no decorrer de todos os seus pensamentos discursivos. Um mês depois, você conscientemente identificará o texto bom ao reler seus cadernos. É nesse ponto que o eu consciente e o eu inconsciente encontram-se, reconhecem-se e tornam-se um só. Arte é isso.

Ao reler, circule todos os trechos que você considerar bons em seus cadernos. Eles geralmente se destacam na página e são bastante óbvios. Podem ser utilizados como ponto de partida para textos futuros ou talvez o poema já esteja ali pronto. Experimente datilografá-los. Vê-los em preto-e-branco deixa claro se eles funcionam ou não. Apenas elimine as partes obscuras, nas quais a sua mente não estava presente. Não mude as palavras, pois o objetivo desta prática é aprofundar a sua capacidade de confiar em sua própria voz. Se você esteve verdadeiramente presente no momento em que o escreveu, o texto estará completo. Não precisamos que o ego manipule as palavras para fazê-las soar melhor ou soar da maneira que desejamos parecer: perfeitos, felizes, no auge. Aqui a escrita é nua. É uma oportunidade de enxergar e de mostrar quem realmente somos, de nos aceitar sem manipulação e sem agressão. "Estou infeliz" – não tente mascarar essa afirmação. Se é assim que se sente, aceite-a sem julgamentos.

Naturalmente, deve haver espaço para a edição e a revisão. Porém, quando ouvimos a palavra *editor*, logo pensamos:

"Tudo bem, permiti que o criador dentro de mim se soltasse, mas agora devo voltar àquele estado mental mais sensato, convencional, racional, e finalmente pôr ordem nas coisas." Pomos em cena aquele homem ou aquela mulher lá da Costa Leste, com terninho de *tweed* e doutorado em Literatura, que a tudo critica. Não faça isso. A figura com terno de *tweed* é mais um disfarce utilizado pelo ego, que quer controlar tudo de qualquer maneira. Em seu texto, o ego não pode ter espaço para manipular as coisas a seu bel-prazer e tornar-se exigente e mesquinho. Em vez disso, ao rever seu trabalho, transforme-se num samurai, num grande guerreiro com coragem para eliminar tudo aquilo que não tiver presença. Como um samurai que, com a mente vazia, corta os inimigos ao meio, esteja disposto a abrir mão do sentimentalismo ao reler seu texto. Veja-o com uma mente clara, perspicaz. Mas é próprio da mente humana o desejo de intrometer-se e imiscuir-se com suas exigências. Portanto, deixe o ego fazer alguma coisa. Deixe-o datilografar o trabalho, preencher os envelopes, lamber os selos. Simplesmente o mantenha longe do texto.

Entenda a revisão como o processo de "ver novamente". Se existem trechos obscuros ou vagos em seu trabalho, você pode simplesmente ver aquela imagem novamente e incluir os detalhes que faltam para aproximar o texto dessa imagem mental. Você pode sentar-se e, marcando o tempo, adicionar ao original uma segunda, terceira ou quarta versão daquilo que escreveu. Suponhamos que esteja escrevendo sobre *pastrami*. A primeira sessão cronometrada vai bem, mas você sabe que tem mais a dizer sobre o tema. Ao longo de um dia, dois dias, uma semana, faça várias outras rodadas de textos sobre *pastrami*. Não se preocupe se estiver sendo repetitivo. Releia todos os textos, pegue as partes boas de cada um e combine-as. É um trabalho de recortar e colar: você recorta os trechos mais fortes de cada uma das sessões cronometradas e cola-os todos juntos.

Portanto, mesmo na reescrita você utiliza o método e as regras da escrita cronometrada. Isso o auxilia a reengajar-se no trabalho realizado anteriormente. Buscar religar-se com aquelas primeiras impressões é muito melhor do que ficar no meio do enxame de pernilongos, tentando matar seus pensamentos discursivos antes que chupem seu sangue. É uma maneira muito mais eficiente de reescrever e ajuda a contornar o ego também nessa etapa. Esse método de reescrita pode ser utilizado em contos, ensaios, capítulos de romances. Uma amiga que havia acabado de escrever um romance contou que, quando precisava reescrever um capítulo, dizia a si mesma: "Tudo bem. Este capítulo necessita de tais e tais elementos e tem de começar na mercearia e terminar no cemitério. Escreva durante uma hora." As partes boas produzidas nas sessões de reescrita cronometradas foram incorporadas aos capítulos originais, enriquecendo-os e aperfeiçoando-os.

Muitas vezes, você pode ler páginas e páginas de seus cadernos e encontrar somente uma, duas, três frases boas. Não desanime. Lembre-se de que os times de futebol treinam durante várias horas para jogar apenas algumas partidas. Sublinhe essas frases boas. Adicione-as à sua lista de tópicos para novos textos; assim, quando se sentar para praticar, você pode pegar uma daquelas frases e ir em frente. Ao sublinhá-las, você presta mais atenção a elas e muitas vezes passa a usá-las inconscientemente. De repente, todas essas partes díspares se unem e você se surpreende.

Não quero morrer

Suzuki Roshi foi o fundador do Centro Zen de São Francisco e autor do livro *Zen Mind, Beginner's Mind*. Ouvi dizer que foi um grande mestre do Zen. Morreu de câncer em 1971. Gostamos de pensar que, quando os mestres do Zen morrem, antes de abraçar o Imenso Vazio, eles dizem algo muito inspirador, como "Hi-ho Silver!" ou "Lembre-se de acordar" ou "A vida é eterna". Antes da morte de Suzuki Roshi, Katagiri Roshi, um velho amigo seu, foi visitá-lo. Katigiri permaneceu de pé, ao lado da cama; Suzuki olhou para cima e disse: "Eu não quero morrer." Simples assim. Ele era quem era e expressou claramente o que sentia naquele momento. Katagiri inclinou-se em um gesto de reverência: "Obrigado pelo seu grande esforço."

Katagiri Roshi disse que, quando uma pessoa espiritualizada contempla uma grande obra de arte, ela se sente em paz. Quando um artista contempla uma obra-prima, esta o incita a produzir outra obra. O artista exala vitalidade; a pessoa espiritualizada exala paz. Porém, segundo Katagiri, por trás da paz do espiritualizado existe uma vivacidade e uma espontaneidade tremendas, que se traduzem em ação imediata. O artista, por sua vez, embora expresse vitalidade, precisa, por trás disso, buscar o repouso da paz serena; caso contrário, ele se consome. Infelizmente, há vários exemplos de artistas que se consumiram pelo alcoolismo, pelo suicídio e pelas doenças mentais.

Portanto, enquanto nos ocupamos em escrever, toda a vivacidade fervilhante que tanto buscamos expressar deve nascer da paz. Isso nos auxiliará e nos impedirá de sair saltitando de empolgação no meio de uma história, sem conseguir voltar para a mesa e terminá-la. Uma parte de nós deve ter a imensa simplicidade de dizer aquilo que sentimos – "Não quero morrer" – na hora da morte. Sem raiva, sem auto-recriminação, sem autopiedade, mas aceitando a verdade de quem somos. Se conseguirmos alcançar esse nível enquanto escrevemos, poderemos repousar em algo que nos permitirá continuar em nossa jornada como escritores. E embora prefiramos estar nas altas colinas do Tibete a estar sentados em nossa escrivaninha em Newark, Nova Jérsei, e mesmo que a morte esteja uivando nas nossas costas e a vida berrando na nossa cara, podemos apenas começar a escrever, simplesmente começar a escrever aquilo que temos a dizer.

Epílogo

Terminei de datilografar às onze da noite de domingo. Disse a mim mesma: "Sabe, Nat, acho que o livro está pronto." Levantei-me e senti muita raiva. Senti-me usada. ("Usada pela musa", como mais tarde diria minha amiga Miriam.) De repente, não sabia mais qual era o propósito do livro; ele não tinha nada a ver com a minha vida. Não me ajudaria a arrumar um namorado nem escovaria meus dentes de manhã. Tomei um banho, arrastei-me para fora da banheira, vesti-me e caminhei sozinha, à meia-noite, até o Lone Wolfe Café, no centro de Santa Fé. Pedi uma taça de vinho branco e duas bolas de sorvete de caramelo. Olhei para todos ali, sem me dirigir a ninguém, e continuei sorrindo: "Acabei de escrever um livro. Talvez em breve eu volte a ser gente de novo." Voltei para casa a pé, aliviada e feliz. Na manhã seguinte, chorei. À tarde, já me sentia maravilhosa.

Na terça-feira, falei à minha turma de redação: "Levei um ano e meio para escrever o livro. Pelo menos metade dos capítulos nasceu inteira, na primeira vez. A luta maior não foi exatamente escrever, mas sim lidar com o medo do sucesso, o medo do fracasso, e, por fim, simplesmente fazer brilhar a pura atividade." No último mês e meio, escrevi durante os sete dias da semana. Terminava um capítulo e começava outro. Simples assim. As partes de mim que imploravam por sorvete Häagen-Dazs, pelos amigos, para ficar à toa, eu ignorava.

Toda atividade à qual nos dedicamos por completo é uma jornada solitária. Seus amigos podem ficar felizes por você, podem apoiá-lo, mas você não pode esperar que ninguém alcance a mesma intensidade de emoções ou que compreenda totalmente as experiências por que você passou. Não estou querendo desdenhar. Você está sozinho quando escreve um livro. Aceite esse fato e aproveite todo o amor e carinho que lhe são oferecidos, mas não tenha expectativas.

É importante saber disso. Imaginamos o sucesso como um acontecimento feliz. O sucesso também pode ser solitário, alienante, frustrante. Faz sentido mesmo dizer que o sucesso é tudo. Dê-se espaço para sentir aquilo que estiver sentindo e não pense que é errado ter uma gama de emoções tão variada. Katagiri Roshi certa vez me disse: "É muito bom que queiram publicar seu trabalho, mas não dê muita atenção a esse fato. Isso a deixará abalada. Simplesmente continue escrevendo." Dois dias atrás, falei a meu pai: "Vou pular do Empire State Building." Ao que ele respondeu: "Precisa escolher um prédio tão alto?" Digo a mim mesma o seguinte: "Natalie, este livro está pronto. Você escreverá outro."

Posfácio

ENTREVISTA COM A AUTORA

Pergunta: Você crê que exista alguma ligação entre o ambiente e a inspiração para escrever?

Penso que o lugar e o ambiente são muito importantes. Muitas vezes, num romance, por exemplo, o lugar é o terceiro personagem. É palpável nos romances bons de verdade. Mas não acho que você precisa estar num lugar maravilhoso para escrever. Não acho que tenha que estar no melhor dos mundos. Acho que você tem que estar onde está. Em outras palavras, se está em Cincinnati, se realmente se sente capaz de devorar Cincinnati, conhece as ruas e o clima, as árvores, sabe como é a luz ao final de um dia de trabalho, isso é o que importa. Agora, no meu caso, eu tinha um grande amor por Taos. A cidade era quase como um amante para mim. E era, de fato, doloroso, pois eu não estava sempre lá. E, sobretudo no início, não conseguia me sustentar lá. Mesmo assim Taos era a minha paixão. Mas logo que pude ir morar lá em tempo integral, como faço hoje, lembrei-me das palavras de Katagiri Roshi, meu professor de zen-budismo: "Até o paraíso fica chato." E ele estava certo. Depois que você conhece um lugar a fundo, aquilo é só um lugar. Você pode amá-lo profundamente, mas é um lugar com coisas boas e más. Mas ter esse lugar o deixa livre para ir a qualquer outro lugar e admirar e amar quaisquer outros lugares. Mas eu não percebia isso antes, pois me sentia sempre insatisfeita com o local onde eu estava, já que eu queria estar em Taos.

Não faça isso com você – "Estou aqui, mas deveria estar lá". Isso era uma tortura para mim. Esteja onde estiver, é ali que você deve escrever. Não use a desculpa de que você não está no lugar certo. Não existe lugar perfeito. Simplesmente pegue a caneta, registre os detalhes do seu ambiente. O ato de escrever mostrará que você já está no lugar perfeito. O lugar é a Terra. A Terra é a sua vida, momento a momento.

Pergunta: Quais são as desculpas mais utilizadas por quem diz "não consigo escrever"?

As pessoas me apresentam milhares de desculpas para justificar por que não conseguem escrever. "Tenho medo de me mostrar." "Tenho medo de ir atrás do que realmente quero." "Não posso fazer isso agora, mas esse é o meu maior sonho." "Não posso fazer isso agora porque tenho uma família para cuidar." "Preciso ganhar dinheiro." "Morro de medo de não ser bom o suficiente." "Tenho medo de que meu pai me mate se souber que escrevi sobre ele." Nesse nível, eu não presto atenção. Tudo o que vejo é que eles estão dando uma desculpa, que desejam algo e não estão dispostos a dar um passo adiante, a conquistar o que querem. Ao longo dos anos, observei que as pessoas não se deixam arder. Não deixam a sua paixão viver, não a alimentam. Mas não dou ouvidos a essas desculpas. Depois de um tempo, é tudo muito chato. Assim como minhas lamentações são chatas. É a mente macaca. Não importa muito qual é a desculpa. Posso ouvi-lo dizer: "Bem, mas será que não é verdade? E se tiverem mesmo seis filhos para criar e precisarem arrumar emprego?" Certamente. Mas, se estiverem consumidos pelo desejo de escrever, também terão que encontrar um tempo para escrever, mesmo que seja meia hora por semana. Não podem adiar isso até chegar aos sessenta. Talvez morram com cinqüenta e nove. De certa forma, você tem que dar conta de toda a sua vida. Não dá para adiar as coisas. Mas você pode dizer: "Bem, Natalie, você não tem filhos, não tem isso, não tem aquilo."

A questão não é essa. Lembro-me de uma mulher num dos meus grupos que falava o seguinte: "Ah, sinto-me tão só... Tenho marido, um monte de filhos, sou tão ocupada, mas ainda assim me sinto solitária." Eu respondi: "Que estranho! Não tenho nada disso e também me sinto solitária." Acho que esse é o dilema humano. Damos vários nomes para as nossas desculpas, para as razões por que não queremos ou tememos escrever. No final, se quer mesmo escrever, você precisa apenas calar-se, pegar uma caneta e trabalhar. Lamento dizer, mas não existem desculpas verdadeiras. Nossa vida é assim. Dê um passo à frente. Pode ser durante dez minutos apenas. Tudo bem. Escrever é melhor do que todas as desculpas.

Alguns anos atrás, tive um grupo de alunos que participou de vários cursos comigo. Caminhando pela sala de aula, disse a eles: "Então, vocês precisam de quê, agora?" E eles começaram: "Bem, sabe como é, faz tempo que não escrevo porque minha esposa faz isso e aquilo, minha vida está assim e assado." Encarei-os e disse: "Vocês sabem o que fazer, peguem a caneta e escrevam." Seus olhos se iluminaram: "Ah, está bem então." Foi quando me dei conta: "Esperem um pouco. Vocês vieram de Chicago, de Boston, de Kentucky, de Los Angeles, já participaram de outros três seminários comigo. Já sabem de tudo isso." Eles disseram: "Sim, mas precisamos ouvir de novo." Fiquei chocada: "Viajaram até aqui só para ouvir isso?" Eles confirmaram. Algo tão simples e tão óbvio, mas que sempre esquecemos. Precisamos redescobri-lo milhares de vezes. Lembro-me dessa pessoa em especial, o rosto dele simplesmente se iluminou depois que me ouviu dizer isso de novo, pois ele pensara que daquela vez não funcionaria, que sua dificuldade naquele momento era tão grande e tão concreta – e ele acreditava nisso – que não conseguiria escrever.

Foi um grande alívio para ele ouvir novamente esta afirmação direta: cale-se e escreva. Temos uma mente macaca, extremamente poderosa e criativa, que está sempre procurando novas justificativas para não escrever. Não acredite nas suas desculpas.

Pergunta: O que é mente macaca?

Na verdade, *mente macaca* é um termo budista. O editor ou o crítico também podem ser considerados mentes macacas. Algo que cria ocupações para nos afastar da nossa essência verdadeira. Toda a nossa cultura é baseada em afazeres. E é por isso que somos tão infelizes. Ao mesmo tempo, adoramos estar ocupados. Precisamos entender isso. Existem as ocupações, existe a mente macaca e existe a nossa essência verdadeira. O que nossa essência verdadeira deseja? Devemos satisfazê-la em, pelo menos, cinqüenta por cento. Caso contrário, preencheremos toda a nossa vida com afazeres. Preciso fazer isto, estou fazendo aquilo, estou indo acolá. A vida cotidiana é muito envolvente. As semanas passam e nos esquecemos de quem somos.

Pergunta: E o talento?

Acho que o talento é como um manancial subterrâneo – você se esforça para conectar-se com ele e ele jorra através de você. Muitos alunos vêm até mim e já sabem escrever muitíssimo bem, naturalmente. É inacreditável – pegam na caneta e já na primeira vez o restante da classe fica boquiaberto. Mas eles têm tanta facilidade que não acreditam na qualidade do que escrevem. Muitas vezes, aquilo simplesmente não tem muito valor para eles. Mas há também aquele aluno sentado no canto da sala, que se esforça o tempo todo, que parece meio *nerd*, meio apagado – ah, mas três anos depois ele continua freqüentando as aulas. Depois de um tempo, o carvãozinho daquele escritor começa a esquentar. É uma coisa maravilhosa.

Nunca me vi como uma pessoa talentosa. Ninguém nunca me disse que eu tinha talento. Todo o mundo que lia a minha mão, todo astrólogo dizia que eu deveria ser contadora. Portanto, foi o meu esforço, a minha determinação que traçou novas linhas na palma da minha mão. Sempre acreditei no esforço humano. Esforço humano não envolve apenas fazer um trabalho físico, pesado, dar o suor do próprio rosto. Refiro-me ao trabalho que nos desperta. Todos temos essa habilidade lá dentro. Talento não tem nada a ver com despertar. Estou falando de ser um escritor consciente e atento. Saber o nome das árvores e das plantas, olhar o sol e perceber a sua luz tocando o metal do carro. Isso vem com a prática. Ter talento é ótimo. Se você tem, aproveite, mas ele não o levará tão adiante. O trabalho o levará muito mais longe.

Pergunta: De que maneira a prática zen influencia o ofício de escrever?

Escrever sempre foi algo ligado com a minha prática zen, com a atenção, com a meditação. A arte pela arte nunca me interessou, pois já vi muitos artistas infelizes com o ego completamente solidificado. Nesse caso, a prática da arte traz sofrimento. Mas quando sabemos que atrás de nós não há nada, só vazio, não conseguimos nos cristalizar com tanta facilidade. Para mim, escrever sempre esteve ligado com esse tipo de vazio. É possível criar qualquer palavra, visto que jamais existiu outra palavra ali. Era uma folha em branco. Se tudo já estivesse preenchido, não haveria no que mergulhar. Portanto, acho que a arte ou a criatividade dissociadas da prática de meditação não me interessam. O Zen sempre foi o meu apoio.

Pergunta: E os benefícios que os seus textos podem trazer às outras pessoas?

Não sou muito fã da expressão pessoal. Definitivamente, escrevo para ajudar os outros. Mas isso é delicado, porque minha intenção não é agradar os outros. Só quero poder dizer a verdade, mas hoje não a digo mais por mim mesma. Acho que, quando era poeta, escrevi diversas histórias. De fato, havia então um pouco de expressão pessoal e também uma necessidade minha de me sentir livre para dizer qualquer coisa. Eu usava muito palavrão em meus poemas, como se estivesse mostrando a língua para todo o mundo – vejam só, posso fazer o que quiser. Hoje estou muito mais interessada em me comunicar. Como me comunicar pela linguagem, letra preta no papel branco, com as outras pessoas no país inteiro, de modo que – assim espero – transmita um pouco da minha lucidez, quando a tenho, para uma outra pessoa? Portanto, não estou mais tão interessada na expressão pessoal, embora isso seja um bom começo, uma maneira de aprender a se afirmar. Agora, quando estou escrevendo com todo o meu ser, não fico mais atrapalhando o caminho, não sou mais um obstáculo. O texto faz o texto. Em vez de expressão pessoal, o que existe é um ato de desapego maravilhoso, pelo qual me desvencilho de Natalie Goldberg. Consigo ir além de mim mesma. Penso que, se fosse apenas para me expressar, poderia me sentar e preencher um diário inteiro com coisas como “Hoje estou tão feliz, estou apaixonada, amo tanto meu namorado, ele é tão lindo”. E então uma outra pessoa leria aquilo e acharia um tédio. Para aprender a nos comunicar além das nossas fronteiras, devemos abrir mão da expressão pessoal imediata e mergulhar mais fundo, valorizar o significado dos detalhes, tocar nas coisas como elas são.

Pergunta: Qual é a diferença entre a meditação e a prática de escrever?

Quando pratico meditação sentada, o objetivo é me desapegar dos pensamentos e ancorar a minha mente na respiração, naquele presente momento. Mas, claro, não é tão fácil assim. Quando você medita com freqüência, percebe que aqueles pensamentos são pegajosos e insistem em reaparecer. Na prática de escrever, você pega esses pensamentos e os põe no papel e, pondo-os no papel, você pula para o próximo e vai passando por eles. Você amarra a mente na caneta. Os pensamentos passam a ser como um riacho que corre ligeiro, enquanto você permanece ali sentado. Os pensamentos, portanto, não são tão pegajosos assim. De certa maneira, a prática de escrever é um caminho mais curto para alcançar a quietude interior. Consigo repassar os pensamentos e depois descartá-los, ao passo que, na meditação, não tenho chance de colocá-los para fora e demoro muito tempo para digeri-los. Eles simplesmente ficam por ali, circulando pelo céu da boca da minha mente. Trata-se, portanto, de um processo diferente. É um processo paralelo. Escrever é, para mim, a prática zen mais profunda de todas.

A coisa mais importante que aprendi meditando e escrevendo é que os pensamentos não são reais, não são concretos. Que lhes damos muita atenção. Que abrir mão deles traz uma imensa liberdade. Mas falar é fácil, afinal o pensamento desencadeia emoções. Você engancha uma situação, um passado e umas lembranças, e três minutos depois está psicótico. Mas se consegue pegar as emoções na raiz, naquele nível básico onde o pensamento está nascendo, isso ajuda muito. Suponhamos que eu discuta com meu namorado e insista no meu ponto de vista. Até que, por uma graça divina, ouço aquela vozinha em mim dizer: "Nat, essa é apenas a sua posição, não tem importância nenhuma mesmo, deixa para lá." E, uau!, abre-se uma brecha enorme.

Isso que está aí na sua frente é a sua vida. Então, por favor, cuide dela. Não fico sentada no *zendo* pensando no que escrever, para depois correr para o meu caderno e tentar recapturar aquele pensamento. Cada lugar é uma experiência diferente. Tocar música é um momento distante daquele no *zendo*, mas não do ato real de soprar o clarinete. É aquele momento. Pintar – quando estou pintando – não é um momento distante. E, quando escrevo, este também não é um momento distante. São apenas meios diferentes de defrontar-se com si mesmo e com o mundo. Observar a respiração, estar presente de corpo inteiro, estes são o meio do *zendo*. As palavras são o meio da escrita. Quando têm vida, as palavras são seres elétricos – não estão nem um pouco isoladas ou distantes da vida humana. Quando escovo os dentes, confesso que costumo divagar bastante, porém, às vezes, estou lá simplesmente escovando os dentes.

Pergunta: Conte-nos um pouco de como é escrever um romance.

O romance não acompanha o mesmo ritmo da mente. *Escrevendo com a alma* foi uma resposta natural ao movimento da mente. Quando escrevi o romance *Banana Rose* (sem tradução no Brasil), precisei fazer com que alguma coisa no capítulo 3, tipo um chapéu marrom, tivesse significado no capítulo 33. Já em nossa vida, um chapéu marrom nem sempre tem tanta importância assim. Se seu carro enguiça, vai ver que ele simplesmente enguiçou. Temos muitas idéias. Elas vão e vêm. Sem grandes significados. No romance, porém, temos essa imensa necessidade de contar uma história, criar significado. Por isso, é preciso haver uma estrutura, um começo, um meio e um fim, mesmo que não seja óbvio. A mente do leitor anseia pelo significado. Então tive de conhecer a estrutura do romance, a qual, por sua vez, é diferente do movimento natural da mente que por tanto tempo estudei e é a base dessa prática de escrever. Foi dificílimo para mim. Por causa disso, não me considero uma romancista por natureza. Não busco o significado. O romancista diria: "Eu também não busco o significado." Mas as coisas precisam se encaixar. No fim das contas, quando terminamos de ler um romance, precisamos sentir aquele "ah". E, se as coisas não funcionam, não tem "ah" nenhum, não se alcança aquela exatidão ou aquela completude interior.

Assim que comecei a escrever o romance, assumi um compromisso. Dispus-me a fazer o que fosse preciso para que o romance desse certo. Nunca imaginei possuir esse tipo de disposição dentro de mim. Sentava na Biblioteca Harwood em Taos e refazia o trabalho, refazia outra vez. O verão ia passando. Vi o verão passar pelas altas janelas da biblioteca. E então vi o outono chegar. Sentia-me como na quarta série: fui deixada para trás; enquanto todos aproveitavam as férias de verão, eu era obrigada a terminar uma redação qualquer. Não podia acreditar na minha determinação. Jamais me esquecerei disso. Foi essa admiração que senti. Pode não ser o maior romance, mas foi o meu maior esforço. E, na verdade, é esse esforço que me dá – não sei se podemos chamar de confiança – força de caráter. Eu realmente fiz o melhor que a Natalie poderia ter feito naquela altura de sua vida e isso me deixa orgulhosa. Amarei Nell, o personagem principal, para sempre.

Sabe, talvez seja *esse* o meu talento. Uma imensa determinação. Nesta área específica: escrever. Em outras áreas, não. Por exemplo, dou uma volta no quarteirão – ufa, não quero mais. E paro. Esquiando: eu caio, ai, detesto esquiar. Tiro meus esquis na hora. Mas tenho essa determinação para escrever.

Pergunta: Por que escrever memórias?

Eu gosto. Um livro de memórias é um estudo do funcionamento da memória humana. É semelhante à prática de escrever, ao trabalho com a mente. A memória não se lembra cronologicamente de A, B, C. Nasci no ano tal, estudei na escola tal, depois fiz isso, depois fiz aquilo. As lembranças vêm em *flashes*. Você vê um garfo reluzindo e bum! Imediatamente se lembra do cachorro-quente que comeu em Coney Island vinte anos atrás. Elas vêm em retalhos. E eu adoro isso. A estrutura de um livro de memórias acompanha mais o funcionamento da mente do que a estrutura de um romance. Eu amo histórias, casos de família, saber a origem das pessoas, tudo isso. Quando estava em Nova York, conheci uma professora de Zen fantástica. Era grandona, alegre e tinha a cabeça raspada. Então, conversando, descobri que sua mãe fora *miss* e que ela tivera sete padrastos. Fiquei maluca. Você está diante dessa pessoa, uma zen-budista ferrenha, e jamais imaginaria o passado que ela teve. Adorei essa justaposição. Enchi-a de perguntas. Na prática de escrever, é importante passar um tempo revirando o próprio passado, para garantir que você não está se esquivando de nada. Se você se esquiva de algo em si mesmo, também se esquivará ao escrever, seja qual for o assunto, e isso polui o texto. Você deve ser capaz de encarar a vida de frente. Aceitar a sua mente e a sua vida.

Pergunta: Como você começou a escrever?

Descobri essa maneira de me relacionar com a minha mente. Nos meus tempos de *hippie*, em Taos, pratiquei muito zazen. Em 1976, fui para o Colorado estudar com Allen Ginsberg no Instituto Naropa, na cidade de Boulder, durante seis semanas. Ele me ensinou a examinar o pensamento e o texto. E eu dei continuidade a isso. Para mim, ele era o visionário;

e eu, a abelha-operária que documentava tudo. Disse ele: "Se a mente é bem composta, o texto também será bem composto." Antes de ir para o Naropa, decidi fazer um breve retiro, por conta própria. Na casa de retiro, encontrei um artigo no qual ele falava sobre refinar a mente. Não entendi completamente, mas fiquei curiosa. Prometi a mim mesma que, um dia, compreenderia tudo aquilo. Não me lembro de ter ouvido ninguém falar sobre a mente quando estudei literatura, nem na faculdade nem na pós-graduação.

Comecei a escrever, marcando o tempo e mantendo a mão em movimento. Explorei as vastas possibilidades do papel – no qual a minha mente passeava, para a frente, para trás, de ponta-cabeça. Eu não tinha objetivo, não direcionava a minha produção. Passei a observar meu pensamento. Desenvolvi uma relação muito íntima comigo mesma. Eu estava sozinha. Não sabia direito o que estava fazendo, mas era uma coisa tão contagiante que me aprofundei cada vez mais. Percebi certas coisas: quanto a mente pode ser repetitiva, como mergulhar além do pensamento discursivo, como usar os detalhes à minha frente para me situar. Ainda não chamava isso de mente macaca, mas estava chegando lá. Vi que certas coisas me ajudavam a escrever e outras não. A prática cronometrada deu-me uma estrutura; eu não enlouqueceria. Mantinha a mão em movimento e assim ficava até acabar o tempo, fosse o que fosse que surgisse. Tal como na meditação, aconteça o que acontecer, você mantém a estrutura da postura até tocar o sinal.

Quando o conheci, Katagiri Roshi me disse: "Faça da escrita a sua prática." Nessa época eu não dava ouvidos a nada do que ele dizia. Era arrogante. Então falei: "Ah, que coisa ridícula, Roshi." E não prestei atenção porque, naquele momento, a escrita e a prática do Zen pareciam-me coisas antagônicas. Pensei que ele estava apenas querendo se livrar de mim. Algo como: "Caia fora, Natalie. Não queremos você no *zendo*." Eu disse: "Não, vou continuar praticando meditação." Mas, ao longo dos anos, passei a refinar minha compreensão sobre a escrita. Sabia que havia captado algo muito poderoso e estava agora tentando domar esse cavalo selvagem. Finalmente, depois de muitos anos, chamei isso de prática de escrever. Comecei a entender o que Katagiri havia me dito. Na verdade, foi durante a composição de *Escrevendo com a alma* que tudo se encaixou, que aconteceu aquele grande "ah". Cerca de dois anos após o lançamento do livro, procurei Roshi. Perguntei-lhe: "Por que você me disse para fazer da escrita a minha prática?" Ele olhou-me muito calmamente e falou: "Bom, você gosta de escrever. Foi por isso que falei." Retruquei: "Quer dizer, simples assim?" Respondeu ele: "Você gosta de escrever, é só isso." Há tempos ele havia entendido qual era a minha paixão. Se você quer ser um corredor de verdade, mas acha que deveria meditar, faça da corrida a sua prática e mergulhe fundo, em todos os níveis. Mas ele também disse que meditar é muito bom também. Então, meu coração queria mesmo escrever, mas eu também meditava para continuar sendo uma pessoa íntegra. E para, de alguma forma, trabalhar as costas, a coluna. Sabe como é, toda a minha energia estava na frente. É preciso estar em paz com as suas costas. Senão você se acaba.

Pergunta: E se a pessoa tem medo de perder o controle?

Para viver, temos de lidar com uma certa perda de controle. Apaixonar-se é perder o controle. Quando morremos ou quando morre um ente querido, é uma perda de controle tremenda. E o bom da prática de escrever é que ela nos permite mergulhar pouco a pouco naquele vazio imenso, naquela perda de controle, e depois sair e nos sentir seguros novamente. Você deixa a caneta de lado um instante e vai dar uma volta. E depois mergulha. Meio que por etapas. Essa é, de fato, a contribuição que o Oriente deu ao Ocidente. Quando nos deram a meditação, deram-nos também a estrutura necessária para penetrarmos no vazio da mente sem perder a cabeça. Portanto, para aquele que tem medo de perder o controle: escreva junto com outras pessoas. Não se preocupe, há outras pessoas ao seu redor. Nós o apoiaremos. Todos estamos no mesmo barco. Mantenha a mão em movimento. Não se preocupe.

Pergunta: Como escolher o assunto adequado para um livro?

Ele deve vir de dentro. Não é uma idéia ou um "assunto", como numa redação escolar. É um anseio que vem lá do fundo. Por exemplo, meu corpo está se preparando para escrever um livro que devo começar em breve, mas já levou anos para ser composto. Eu não sabia, mas estive vivenciando esse processo. Quando me dei conta de que queria escrever sobre esse assunto, ele já estava sendo trabalhado dentro de mim havia seis meses. Então sei que logo começarei. Sentarei e direi "Já!", mas com a certeza de que o livro será fruto de uma paixão profunda, até de alguma obsessão. Pois um livro demora muito tempo para ser escrito, e você não pode desistir depois de escrever apenas dez páginas. E não é bom começar um livro e depois parar, porque isso vira um hábito. Conheço várias pessoas que começam a escrever livros e nunca terminam. Portanto, é bom sentar-se um pouco com ele e deixá-lo calar fundo em você. Ensaie bastante com o tema. Tenha realmente todo o cuidado necessário. Pois uma coisa lhe digo, quando começa a escrever um livro, você fica fora de órbita por um bom tempo.

Pergunta: O que você diria a Natalie na época em que ela estava trabalhando em Escrevendo com a alma?

Não diria nada. Ela era quem era. Não me ouviria. Uma das coisas que diria hoje, por exemplo, é que você não percebe que ser famoso e ser bem-sucedido pode ser muito difícil e muito doloroso. Eu diria isso. É o que digo aos meus alunos. Eles não querem ouvir. Querem alcançar o que desejam. Com trinta e seis anos de idade, Natalie queria chegar lá. Não sei por quê, mas eu queria ser famosa. Talvez inconscientemente pensasse que isso poderia salvar a minha vida. Claro que não salvou. Mas não poderia dizer nada disso a ela. Olho para trás e sinto um grande amor e uma grande compaixão por ela. Ela era tão determinada. Trabalhou tanto. E era tão ingênua. E, em certos pontos, foi mais inteligente, pois não estava tão fragmentada. Acho que vemos certas coisas mais claramente quando não estamos tão fragmentados. Não há nada no caminho. Não temos medo. Obviamente, não sabemos quais serão as conseqüências e os resultados. Os resultados virão quando tiverem de vir.

Escrever este livro foi, particularmente, uma experiência muito forte, pois, pela primeira vez na vida, tive que dizer o que eu pensava, via e sentia. E tive de assumir a responsabilidade sem nenhum apoio. Era meu primeiro livro. Se eu o escrevesse ou não, ninguém mais se importaria além de mim. Quando escrevemos um livro que faz sucesso, passamos a confiar um pouco mais em que, mesmo que o vejam como um idiota, as pessoas ouvirão você, pelo menos por um momento. Já fui muito criticada em minha vida e, quando era criança, ninguém me jogava confete. E então tive de assumir a responsabilidade deste livro. Deu muito medo. Tive de expor meu jeito de ver as coisas. Não sabia se as pessoas me achariam louca ou não. Existe uma espécie de pele, uma espécie de membrana social que você tem de transpor e só transpõe com o seu próprio esforço. Tive de apoiar a mim mesma e vencer as barreiras, até que, finalmente, fui ouvida.

Pergunta: Como você desenvolveu essa segurança?

Tenho muita segurança e muita confiança na minha própria mente. Mas o que significa isso? Que serei brilhante? Não. Tem muita gente mais inteligente e mais talentosa do que eu. Não estou me rebaixando. Quando afirmo que "confio naquilo que digo", significa que valorizo e escuto o que tenho a dizer. Creio na integridade da minha mente. Outra coisa que dá bastante segurança é saber que, quando digo que hoje escreverei por três horas, eu escreverei por três horas. Parece algo muito simples, então que importância tem? Mas em outras áreas da minha vida não é assim – por exemplo, se digo que vou parar de comer chocolate, não paro. Não tenho a menor confiança em mim nesse ponto. Mas, no que diz respeito a escrever, sim. Porque digo que farei e faço. É isso. Escrever é a única coisa na minha vida que continuo insistindo em fazer. Dedico-me cem por cento a isso. É o que traz segurança.

Mas, com relação à prática do Zen, a coisa é um pouco diferente. Não é tão muscular, determinada, imperativa. Tenho um jeito mais solto de praticar o Zen. Mas continuo ali. Você não precisa ser um buldogue ou lançar-se da boca de um canhão. Simplesmente vá encontrando seu caminho. Vá encontrando seu caminho. Esse jeito solto pode ser interessante na escrita também.

Pergunta: Como você desenvolve essa segurança nos alunos?

Eu sou a líder de torcida deles. Vai, vai, vai, você consegue. Quando assumo esse papel de professora, enxergo a grandeza dos alunos. Não presto atenção quando eles dizem "não consigo por causa disso ou daquilo." Não dou atenção. Vejo toda a grandeza que há neles. Preocupo-me com a saúde integral de sua vida de escritores, como vamos continuar. Não ficar somente numa única investida extraordinária.

Pergunta: O que significa "não se deixar abalar"?

Não se deixar abalar pela sua mente macaca. Você se propõe fazer algo – "Quero mesmo ser escritor" – e então aquela vozinha vem e diz: "Mas talvez eu não ganhe dinheiro suficiente sendo escritor." "Ah, então não vou escrever." Isso é se deixar abalar. Essas vozinhas estarão sempre nos perturbando. Se você decide fazer algo, faça. Não se deixe abalar. Mas o não deixar-se abalar tem um pouco a ver com compreender a mente, não dar muito crédito quando a cabeça criar todos esses obstáculos e encher você de inseguranças e justificativas para não fazer determinada coisa.

Conforme chegava mais perto do fim do livro, tive muito medo tanto do fracasso quanto do sucesso. Parei de escrever por quase seis meses e fui trabalhar de confeiteira num restaurante na Canyon Road, em Santa Fé. Certo dia, no intervalo, enquanto dava uma volta pela acéquia, caí no choro e disse a mim mesma: "Nat, você precisa fazer isso por Katagiri, esqueça-se de você." E isso me deu força para prosseguir. Na minha cabeça, agarrei-me a Katagiri e falei: "Estou fazendo isso por ele." Tenho tanta insegurança quanto qualquer outra pessoa, mas não me dou tanta atenção quando estou fazendo algo que realmente quero fazer. Não penso: "Natalie, você quer? Você não quer?" Pois o medo do sucesso e do fracasso me paralisa. Se penso muito em mim, fico presa dentro de mim mesma, como todo o mundo. Primeiro a insegurança, depois a visão exagerada de mim mesma. Fico balançando de um extremo a outro. Mas, se esqueço de mim, então consigo trabalhar. Não se deixe abalar por si mesmo ou pelos outros. Deixe a sua mente superior seguir em frente.

Na época em que escrevi o livro, senti um amor enorme por Katagiri Roshi. Quando falo "amor", refiro-me a algo maior do que qualquer coisa que já senti. E talvez eu precisasse dividir isso com os leitores. Mas esse amor imenso ia além do bom ou do mau. Ele extraiu de mim a verdadeira Natalie. Assim, a grande Natalie queria fazer aquilo pelo grande Katagiri. E hoje entendo que a grande Natalie e o grande Katagiri nunca estiveram separados. Mas isso não é psicológico. É real. A idéia de que eu era menos do que ele, ou de que era diferente dele, partiu de mim. Muitos anos mais tarde, muito tempo depois da morte dele, eu ainda me torturava. Sabe como é, perdi a pessoa mais importante da minha vida. Ele morreu. A grande liberdade eu conquistei quando compreendi que nunca estivemos separados, que eu era ele e ele era eu. Esse imenso amor ajudou-me a não me deixar abalar. Ao concluir este livro, senti vontade de dar a cara a tapa. Era minha vez de parar de me apegar a mim mesma, de fazer votos mais profundos. Para mim, assumir esta vida, este ofício de escrever, foi perceber que eu era capaz de fazer tudo aquilo que Katagiri Roshi fez.

Este posfácio foi adaptado de uma entrevista concedida a Tami Simon, da Sounds True. Uso autorizado.